创新教育：

电子游戏

助力孩子学习之道

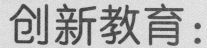

How Computer Games

Help Children Learn

〔美〕大卫·威廉森·沙弗(David Williamson Shaffer) 著

林 忠 译

刘存伟 审校

 四川大学出版社

项目策划：余　芳
责任编辑：余　芳
责任校对：刘　畅
封面设计：墨创文化
责任印制：王　炜

图书在版编目（CIP）数据

创新教育：电子游戏助力孩子学习之道／（美）大
卫·威廉森·沙弗著；林忠译. — 成都：四川大学出
版社，2019.11
　　书名原文：How Computer Games Help Children Learn
　　ISBN 978-7-5690-3236-9

　　Ⅰ．①创… Ⅱ．①大… ②林… Ⅲ．①电子游戏—影
响—青少年教育—创造教育—研究 Ⅳ．① G40-012

　　中国版本图书馆 CIP 数据核字（2019）第 274262 号

四川省版权局著作权合同登记图进字 21-2019-611 号
First published in English under the title
How Computer Games Help Children Learn
by D. Shaffer, edition: 1st
Copyright © David Williamson Shaffer, 2006 *
This edition has been translated and published under licence from
Springer Nature America, Inc..
Springer Nature America, Inc. takes no responsibility and shall not be made liable for the
accuracy of the translation.

书名	创新教育：电子游戏助力孩子学习之道
	CHUANGXIN JIAOYU: DIANZI YOUXI ZHULI HAIZI XUEXI ZHI DAO
著　者	〔美〕大卫·威廉森·沙弗（David Williamson Shaffer）
译　者	林　忠
出　版	四川大学出版社
地　址	成都市一环路南一段 24 号（610065）
发　行	四川大学出版社
书　号	ISBN 978-7-5690-3236-9
印前制作	四川胜翔数码印务设计有限公司
印　刷	郫县犀浦印刷厂
成品尺寸	170 mm×240 mm
印　张	12.5
字　数	236 千字
版　次	2019 年 12 月第 1 版
印　次	2019 年 12 月第 1 次印刷
定　价	58.00 元

扫码加入读者圈

版权所有 ◆ 侵权必究

◆ 读者邮购本书，请与本社发行科联系。
　　电话：(028)85408408/(028)85401670/
　　(028)86408023　邮政编码：610065
◆ 本社图书如有印装质量问题，请寄回出版社调换。
◆ 网址：http://press.scu.edu.cn

四川大学出版社
微信公众号

专家推荐语

对于每个关心孩子学习问题的人来说，这是本必读书。没人敢把游戏纳入学校课程，游戏设计师的成功在于他能使数百万人自愿通过玩游戏来学习。因此，研究游戏、知悉游戏的设计和玩法，是洞悉学习之道的最佳途径。关于如何充分发挥游戏对孩子学习的帮助作用，本书作者沙弗是最优秀的指路人。

——麻省理工学院媒体实验室，媒体与教育技术名誉教授　西摩·派珀特

沙弗运用生动的案例和易于理解的语言阐释了学习科学的核心观点，就如何帮助孩子从所玩游戏中收获更多提出了建议。本书是继詹姆斯·保罗·吉伊的《视频游戏教给我们关于学习和读写的知识》和史蒂文·约翰逊的《坏事未必对你不好》之后的又一力作。

——麻省理工学院比较媒体研究系主任　亨利·詹金斯

这本精心撰写、意义重大的专著向家长和老师介绍了一个反传统的观点：电子游戏对孩子的学习有益。当孩子们玩《模拟城市》《俄勒冈之旅》时，除开游戏本身，他们还学习了城市规划，认识了美国西部地区，但这仅仅是其中很小的一部分。沙弗介绍了一系列不断涌现的新奇有趣的学习游戏，它们让孩子拥有操控虚拟世界的机会，有助于培养创新能力，而这些能力在全球经济竞争激烈的当今比以往任何时候都重要。作者还就如何挑选一款好的学习游戏、如何与孩子一起玩以及如何确保孩子玩有所获为家长朋友给出了建议。

——《团队天才：协作的创造力》作者　R. 基思·索耶

沙弗有力地指出了未来学校教育的模式：要让我们的孩子更好地为适应全球竞争做准备，我们必须把各种专业知识、实践与文化融入学校学习中。他用模拟职业游戏的诸多案例证明了将学习、工作、娱乐三者结合起来是完全可行的。

——台湾"中央大学"　陈德伟

1

该书具有划时代开创性，作者提出了有关教育目标的根本问题，强调21世纪需要创新人才。该书思路清晰、语言简练、直接明了，不仅专业人员，就是业外读者也易于理解。教育工作者、学校管理人员、教育决策者，尤其是家长，阅读本书一定会受益匪浅。

——南洋理工大学国家教育学院学习科学技术与学术团队、

学习科学实验室副教授　任志刚

深度学习、技术性学习以及创新型学习能力是全球高科技领域最重要的能力，我们的孩子能与中国和印度的孩子竞争吗？沙弗向我们展示了电子游戏技术在变革家庭、社区和学校的学习方式方面的潜力。

——《视频游戏教给我们关于学习和读写的知识》作者

威斯康星大学麦迪逊分校　詹姆斯·保罗·吉伊

与之前的杜威、皮亚杰和派珀特一样，沙弗让我们重新审视了新时代的学习方式的问题。他凭借扎实的研究，用生动的例子描绘了21世纪的教育前景。

——威斯康星大学麦迪逊分校　教育学助教、游戏设计师

库尔特·D. 斯夸尔

本书献给艾米、奈尔和玛雅，是你们让我扮演这个世界上最棒的角色——父亲。

事实上，除了延绵整个成人阶段的角色扮演游戏之外，还有什么能称之为"职业"呢？

——凯斯西储大学认知科学教授　梅林·唐纳德

序

今天的学校为孩子拥抱明天的世界做好准备了吗？

与以前相比，我们今天在传授基础知识方面做得更好，我们使课程大纲规范，考试内容标准化，从而确保孩子能掌握基本数学运算和阅读技能。但如今，凭简单的数学运算和阅读技能，充其量只能获得一份低级的服务工作，因为标准化技能的作用早已今非昔比。如今的年轻人需要比过去多得多的技能。即便他们有又快又好地学习新东西的能力——这一能力也的确重要——但还远远不够。

今天的年轻人需要利用他们的学习能力进行创新，并最终在一生中数次调整、改变自己。如果他们想获得一个有保障的未来，就必须精通技术。婴儿潮一代的人，比如我，能读书识字，从事文科相关的工作，虽心怀数学、科学以及复杂技术，但总的来说也无大碍，不过这种情况已经成为过去。

精通技术是什么意思呢？这意味着，学习数学、科学，掌握新技术是完全自然的、正常的、毫不令人畏惧的，甚至是很"酷"的，因为今天，我们所做的每一件事情都与科学技术相关。科学不只存在于实验室中，而是遍布于互联网和新闻；艺术也是数字化的，今天的许多艺术家都是技术行家。孩子们使用计算机技术和设计思维重新对所玩视频游戏进行编程，将其改成适合自己趣味的版本，并向他们的朋友发起挑战。

现在，30岁以下的人都徜徉在技术的海洋里。他们在世界各地与不同年龄、种族、国籍和性别的人联网，观看现象级热门游戏《魔兽世界》中的玩家团队作战。没听说过这款游戏？那么，你已经缺少了当今全球年轻人都具备的基本文化素养，而这些年轻人正是我们想要教育的对象，我们要让他们为迎接未来做好准备。

当今世界复杂而危险。卡特里娜飓风在全球变暖、贫困加剧和政治动荡三重影响下，引发了一场激烈争论。面对自然灾害、全球贸易失衡，甚至国际恐怖主义，只有那些能将媒体、图像、设计与科学、数学、技术相结合的人，只有那些研究以新的方式运用新技术的国家，才能幸存。我们对这些威胁的应对能力取决于我们的创新能力和先进技术。谁能充分利用技术，谁才能保护自己，保护家园，保护祖国。

学校是否在为孩子成为技术行家做准备？

就我所见，今天许多孩子从视频游戏或其他数字技术中学到的有关艺术、设计和技术的知识，比从技术教育相对匮乏的学校中学到的这类知识多得多。许多孩子不仅花钱玩游戏，而且还制作动漫视频，撰写同人小说，改编游戏，制作网页，发表博客，品评新闻，担任技术指导，有时他们甚至能写出长达90页的单倍行距的具有高技术含量的视频游戏指南。

但是，现在有些人，特别是老一辈，担忧孩子在学校究竟该学什么，那些重要的内容和数据出现在考试中该怎么办，孩子是否掌握了那些知识，孩子会不会在网络技术的迷雾中迷失自我。

关于学校的传统教学内容，考试涉及的所有知识和方程式，有一点非常可悲：现在的孩子大多数能通过考试，比如物理和社会学考试，但他们并不能真正将知识用于现实生活，不能把在学校死记硬背学来的知识和标准化技能用于创新。对于像美国这样的发达国家来说，在当下充斥着高科技、充满风险的世界里，这绝对是相当危险的。

大卫·沙弗给出了一个激进的答案。这个答案的确激进，但同时又非常保守。他说，我们不应该让孩子仅为通过考试而学习，而是要让他们能够解决现实生活中的问题，甚至改造这个世界。这样做，我们最终能让所有的孩子都成为精通技术的创新人才。事实上，电子游戏和其他强大的数字技术已经在帮助我们培养孩子的这些能力，我们应对其加以充分利用。我们应当使用这些技术来强化对在学校和社会中非常受重视的知识和技能的深度学习。

任何技术，包括视频游戏和模拟技术，本身都不足以满足深度学习的需要。沙弗告诉我们，我们应当让这些技术形成内容丰富、设计精巧的学习体系。他向我们展示了如何做到这一点。

沙弗让我们思考以下内容：拿一个行业，比如建筑、新闻、工程、城市规划，甚至视频游戏设计来说，首先，从事这些行业的人知道如何利用阅读、写作、设计、交流、研究以及其他从学校中习得的技能来解决实际问题；其次，他们知道如何创新；第三，他们非常清楚如何教育新成员，如何让他们当学徒。每一个行业都有自己的一套知识、技能和价值观念，三者构成了一个"工具包"——沙弗称之为"认识论框架"，这个行业利用它来以一种独特的方式认识和改造世界。如果你想以这种方式认识并改造世界，你就必须掌握这个"工具包"。

为此，沙弗提出了一种新的教学方法：如果我们能吸引孩子去扮演这样的职业角色，他们就能一举两得——既掌握学校教授的技能，又获得创新能力。但怎样才能吸引他们呢？沙弗的高明之处在于，他让孩子玩一种或多种职业游戏，扮演专业人士的角色，制造专业人员制造的产品——得益于新的数字技术，孩子们可以通过制造产品掌握专业知识。

沙弗倡导的游戏与众不同，它们不只是虚拟的游戏，比如《模拟城市》。正如他所说的，这些游戏"因其与现实接轨而格外强大"。孩子们在玩游戏时，会在虚拟世界和现实世界之间来回穿梭。当他们作为城市规划者重新设计一座城市时，这座城市就是他们的城市，他们可以在真实的空间和虚拟的世界里漫步于他们城市的街道。当他们作为新闻记者撰写新闻报道时，这些新闻就是他们周围世界所发生的事情。他们付诸行动，在这个过程中，他们掌握了上面所说的工具包，开始以新的方式看待现实世界。

你瞧，这个工具包装满了学校里学到的知识和技能，还有创新工具，包括用于今天几乎所有情况的各种技能和装置。如果不反复、大量地使用基本技能、知识和信息——学校考试的那些内容，你就没法玩这些职业游戏。这些在学校很潮的东西，在沙弗倡导的认知游戏中是免费的。在这些游戏里，关键是要挑选一种你认为很"酷"的职业角色，使用这一职业的工具包，通过玩游戏来解决问题，因为你想在游戏中大显身手。比如，重新规划你的城市中心、应对像卡特里娜飓风那样的紧急情况，或是向人们阐释克隆背后的科学原理。

但是让孩子——中学生，或是年龄更小的孩子来当专业人士，沙弗是认真的吗？这样说吧，孩子们在玩一些视频游戏时已经做了很多类似的事情。在游戏中要实现目标，他们必须掌握角色的技能和价值观念，以独特的方式改变特定的虚拟世界，广受欢迎的《反恐特警组4》和《美国陆军》就是这样，在这些游戏中你必须像专业人员一样动脑筋才能取胜。

沙弗向我们展示了当今的数字技术和有关学习科学的研究，让我们把孩子放在不打不杀的专业人士的位置，让他们为了成长、发展、公平和生存而改变世界，他的展示令人信服。为什么？不是因为电子游戏让孩子们学会了职业生涯管理——尽管让孩子们早些认识一些职业选择是无害的，而是因为电子游戏让孩子们学习了基础知识和标准技能以外的东西，让孩子们真正地学会解决问题和创新。

现在，我认为这是一种激进同时也是非常保守的观点。这听起来已经相当激进了，那么，究竟为什么又是保守的呢？尽管沙弗经常参与校外项目，但他的目标是给学校施加压力，让学校培养孩子们成为有生产力的工作者、有思想的社会成员以及有见识的公民，通过学习创新，能在快速变化的、充满高科技的、由科学驱动的全球化世界中成为公共领域负责任的成员。

当下，没有什么比这更让人回归本源的了。这关系到我们的生存。

詹姆斯·保罗·吉伊
于威斯康星州麦迪逊市
2006 年 4 月

译者序

我们每天都能听到耳熟能详的互联网＋、人工智能、物联网等新概念，不可否认，我们进入了一个飞速发展、剧烈变化的科技时代。这是一个最好的时代，也是一个最坏的时代。智能时代给中小学教育带来了前所未有的冲击，电子游戏成了不少家长避之不及的鬼魅。2018年4月教育部印发了《教育部办公厅关于做好预防中小学生沉迷网络教育引导工作的紧急通知》，可见以游戏为代表的网络产品已严重影响了中小学生的学习进步和身心健康，电子游戏甚至被称为"电子鸦片"。我们不禁要问，游戏真的是洪水猛兽吗？很多家长其实并没有努力去了解游戏，只要孩子玩游戏就立马采取简单粗暴的方式干预，结果适得其反，甚至导致家庭悲剧。本书译者正是因苦于孩子玩游戏而不知该如何是好，在寻求相关专业书籍学习的过程中邂逅了本书的英文原著，一气呵成读完之后，深受启发，心里的石头才落地。其实，世间万物皆有利弊，既没有绝对的美酒，也没有绝对的毒药。如果不能消除游戏，不如了解它，学习它，接受它，与之和谐相处，正确引导孩子。基于这样的认识，译者想把这本看似"离经叛道"的著作翻译出来与广大家长朋友分享。

本书所介绍的认知游戏是职业角色扮演游戏。作者认为它迥异于传统的学习方式，旨在培养孩子的创新思维，帮助他们为迎接职业挑战而未雨绸缪。正如心理学家阿尔伯特·班杜拉所指出的，对大多数学生来说，中学是一个艰难的驿站。在学业和职业发展的关键时期，认知游戏能增强青少年的自我意识和成就感。未来学校教育的关键是要让孩子为更好地适应全球竞争做准备，因此，如何把专业知识、实践与文化融入学校的学习是每个家长和老师首先要思考的问题。本书作者用职业模拟游戏的例子令人信服地证明了学习、工作、娱乐三者结合是完全可行的。

本书原文最初于2017年9月作为导师组翻译练习材料，周丽华同学译了1~3章，王齐新同学译了4~6章。那时她们刚刚进入重庆邮电大学外国语学院翻译专业硕士研究生学习阶段，虽然交出的译文青涩稚嫩，但我对她们认真踏实的求学态度非常认可。在她们前期工作的基础上，2018年年初我着手处理译文，原计划2个月完成，结果发现译稿距离"信""达""雅"的翻译标准以及出版要求尚远，一晃修改了一年时间。不可否认的是，她们的工作使得我整理1稿时在专业术语、习惯表达和整体内容的把握上省时不少，借此机会对她们参与本书译文拓荒付出的劳动表示感谢！重庆邮电大学外国语学院刘存伟博士对译文的1、2、3、5和6稿做了审校。我的夫人西安电子科技大学王凤教授审阅了第4稿，在此也表示感谢！最后，四川大学出版社外语编室编辑余芳对译文做了辛苦的打磨，增加了译文的可读性，如果没有她的帮助，本译著不可能付梓，在此表示感谢！

林　忠

2019年10月5日于西安

目　录

引　言

有则消息让人不寒而栗，美国国家科学院和工程院最近发布的一份报告称："如今，几乎所有行业的工人都必须面对来自爱尔兰、芬兰、中国、印度和其他几十个经济正在增长的国家的竞争对手，这些竞争对手离我们只有轻轻点击一下鼠标的距离而已。"报告分析了 21 世纪美国全球经济竞争力下降的情况，并得出结论："如果不重新努力巩固我们的基础竞争力，我们可能会失去我们的优势，我们国家的孩子，可能若干代人以来，第一次比他们的父辈和祖辈们面临着更糟糕的前景。"[1]

我们正在失去我们的竞争优势，目前，工作机会轻易地迅速向高技术和低薪资地区转移，我们正处于落后的危险之中。今天的年轻人只有学习创新思维，学习理工科方面的高科技技术，才更有机会获得高薪工作。自 1980 年以来，理工科就业岗位数量的增长速度是整个劳动力增长速度的四倍，但是接受专业训练成为科学家和工程师的美国公民人数却在下降。[2]

你不需要深入了解商界就能知道我们正面临着一场全国性的危机。《唯一可持续竞争力》《演化：取胜未来的数字文化》等专著，以及《外包与美国工程未来》等学术报告，都认为现在的技术能让公司将任何只要是熟练工人根据完备的程序就可以完成的工作交给海外。因此，我们必须重新思考竞争在全球经济中的含义。[3]

正如一名企业管理学教授所解释的那样，"标准化问题可以在任何地方得到解决"[4]，不管是像流水线工人或电话接线员一样的低收入工作，还是像放射科医生一样的高收入工作。其他国家有与美国从业人员水平相当，甚至专业能力更强的电话接线员、工程师和计算机科学家，而他们愿意接受比美国同行更低的报酬。在一个互联的世界里，即使是身处不同时区，也可以通过视频会议进行实时面对面的交流，这已经不是人们在哪里的问题了。时间差异甚至可以变成一个优势：当美国的医生和病人晚上睡觉的时候，印度的放射科医生可以阅读来自美国的 X 光片。同样，法律文件准备、版面和平面设计以及其他一些高技术含量的工作，都可以用这样的方式来完成。[5]

不过，我们并不是完全没有希望。能够以这种方式外包的工作主要是只需要标准技能或标准化技能的工作。因此，美国的竞争优势源自我们如何能够生产出新的、特殊的、非标准化的产品、服务和技术，从而在全球范围内不容易被竞争对手复制。这种创新的价值不在于劳动和材料，而在于知识。全球经济价值链的高地与开发具有创新性的产品、服务和技术所需要的知识密切相关，这些产品、服务和技术可以让人们共享信息、共同工作，并用新的方式做事。在不久的将来，只有能从事创造性工作的人才会有好工作。[6]

然而，尽管社会对具有创新思维能力的人才的需求与日俱增，但是有才华的外国研究生正在迅速从美国流失，而本土出生的科学家和工程师越来越少。[7]20 世纪 80 年代初，邓小平执政时，中国改革开放，引入资本竞争，大规模投资科学技术，以此作为经济基础，进而形成国家实力的基础。四分之一个世纪过去了，中国成为一个经济强国，包括 IBM 和微软在内的主要跨国企业都在北京建立了实验室，而微软的实验室被广泛认为是创新企业中最具创新性的。[8]为对专利药品进行逆向研究生产而成立的印度制药公司，现在正成为外包药物研发中心，这正是该行业价值链的高地。[9]

这种危机迫在眉睫，已成为一系列紧急政策报道、白皮书和专著的主题。托马斯·弗里德曼的畅销书《世界是平的》提到了有关创新的挑战，主要涉及外交政策和全球经济，分析了许多国家高技术含量的、由科技驱动的新经济将如何快速超越美国，以及国家、政府、企业和工人该如何采取行动，以适应 21 世纪初不断变化的世界。

从本质上来说，这是一场教育危机。今天，美国的学校和家庭正在帮助年轻人为胜任标准化工作而做准备，而这个世界很快就会惩罚那些不能创新的人。我们的政府和学校为了不让任何一个孩子落后而竭尽全力：通过标准化考试，确保所有的孩子在基础阅读和数学技能方面每年都能取得足够的进步。但是我们不能通过技能训练培养创新能力。标准化考试训练的是标准化技能。我们的标准化课程，尤其是我们城市学校的标准化课程，并没能培养孩子成为具有最高技术水平的、能在高科技驱动的全球经济中获益的创新者。

统计数据令人担忧。在中国，59% 的本科生获得了理工科学位；在日本，这一比例为 66%；而在美国，只有 32% 的本科生获得理工科学位。目前，我们每年颁发的理工科学位数量在全球排名第十七。30 年前，我们名列第三。我们每年有超过 6 万名高中生在英特尔公司举办的国际科学博览会上参赛，恐怕接下来这个数字会让你印象深刻，在中国有 600 万人参赛，全国参赛人口比例是美国的两倍多。在最近的国际数学和科学成就趋势调查——一项比较全世界教育水平的国际调查中，新加坡有44%的学生数学达到了顶级水平，而在美国，只有7%的学生取得了这样的成绩。[10]

最近的一项研究表明，在美国，近一半的印第安人、西班牙裔和非洲裔学生没有完成高中学业，三分之一的学生在高中毕业前就辍学了。在研究中，那些辍学的人说他们感到在学校的学习很无聊，而且课程和他们的职业目标脱节。其中超过80%的人表示，如果有更多"与现实接轨"的学习机会，他们就可能留在学校。[11]那些留在学校的学生面对的课程越来越多地被联邦政府强制要求的标准化考试所主导，而这些考试并不能帮助他们培养能在新全球经济中获得回报的高层次思维。

这真不是一个好消息：我们生活在一个经济变革的时代，而我们的学校还在忙着让学生为在已经成为过去的商品经济时代就业而做准备，那些工作岗位很可能会在他们完成学业前就消失掉。在新的全球创新工作竞争中，我们正面临着让我们所有的孩子都远远落后的危险。

但是，尽管关于即将到来的危机的文章大多聚焦于学校方面的问题，我还是想看看有没有解决办法，因为有一个好消息是：正是这些使得商品经济时代的工作外包成为可能的当代技术，让各个年龄段的学生都能够为从事创新工作做好准备。

计算机技术是一项真正具有革命性的技术，它几乎改变了我们身边的一切，它改变了印刷机的发明、书写方式的发展，甚至语言本身的创造出现的顺序。[12]计算机将全球竞争者置于轻点鼠标的距离范围内，让年轻人为数字时代的生活做好准备。

计算机问世时，教育工作者认为，计算机应该作为辅助工具，帮助学生学习他们需要了解的知识，计算机辅助教学时代由此诞生。只要有计算机的地方，学生可以及时得到帮助。计算机可以帮助学生解决问题，解答试题，以及在学校表现得更好。[13]

1980年，麻省理工学院教授西摩·派珀特出版了其具有开创性的著作《头脑风暴》。派珀特认为，我们应该利用电脑让孩子做一些有意义的、能激励人的事，从而帮助孩子们学习；应当让孩子解决实际问题，而不是死记硬背知识，只学些基本技能。[14]他说，计算机之所以重要，是因为它可以让人们以一种新的方式审视学习。

如今，30年过去了，学习如何解决实际问题比以往任何时候都更重要，为此，本书论述了我们如何利用电子游戏来解决实际问题。本书讨论的是一种特殊的电子游戏——认知游戏。这种游戏能帮助年轻人学习在复杂的世界里茁壮成长所需的创新技能。

然而，关于数字时代的教育，家长、老师和政策制定者真正需要认识的并不是电子游戏本身。他们应该了解的是如何学习，以及新技术如何使新型学习成为可能。所以，这并不是一本主要论述电子游戏如何帮助孩子在学校取得更好的成绩的专著，尽管电子游戏确实在这方面有所帮助，而且本书也会论述如何有所帮助。这是一本关于电子游戏如何帮助我们面向后工业高科技世界，以新方法思考学习、重塑教育的专著。

农场之外

关于如何帮助年轻人学习解决重要问题，我们已经了解了许多。例如，在我的职业生涯早期，我有幸在一所学校任教，这所学校也是佛蒙特州农村的一个有机农场。学生种植和收割学校所有的农产品，给牛、羊和鸡喂食，打扫校舍，修葺墙壁，粉刷篱笆，收集干草，收集枫树汁制作糖浆，根据天气和季节，把木头砍下来拖到屋里烧火取暖。这是一所美国高中，所以学生也要上高中生的常规课程。在科学课上，他们学习生态学，学习他们在农场践行的可持续发展的理念。在英语课上，他们通过亨利·大卫·梭罗和约翰·麦克菲的文章来探索人类与环境之间的关系。[15]

这些年轻人工作之努力、收获之大，简直令人难以置信。我花了很多时间和他们交谈。令我印象深刻的是，他们之所以愿意如此努力工作，是因为他们认为这种学习是真实而接地气的。每天早晨，鸡需要喂食，即使是在零下10摄氏度。如果早餐后没把桌子擦干净，午餐时每个人手肘上都会沾到枫糖浆。他们看着木头从树上被砍下来，整齐地码放在一起，最后被送到学校火炉里。

农场的这些杂务并不是随意安排的。大自然的节奏和农场的现实生活决定了要做的事情和做这些事情的时间。毕业后，很少学生会去有机农场当农民，所以这些杂务并不是现在必须学会，以后用得到的，但这些是他们必须做的事情，是他们现在每天早晨都要做的事情。正如伟大的教育家、哲学家约翰·杜威所说，在这个农场里，这些工作并不只是与生活有关，它们就是生活本身。[16]

这些学生正在通过解决实际问题来学习如何解决问题，通过做一些重要的事情来学习如何思考重要的事情。但是，"基于生活本身"的教育——通过解决重要问题来学习如何解决重要问题，在我们这个高科技、数字化的世界里是什么样的呢？

　　许多家长运用各种各样的现代技术，包括游戏，让他们的孩子很早就接触到技术语言、技术和知识。他们通过给孩子介绍书籍、电子游戏、网站、视频和其他资源来培养孩子对恐龙、神话、计算机、科学、艺术等方面的兴趣。

　　当今有关儿童文化的图书、电子游戏和影视剧都需要战略性思维、技术语言和复杂的问题解决技巧。[17]例如，《游戏王》卡牌或网页上的语言，与孩子们在学校课本上看到的或教室里听到的语言相比，更复杂，也更有技术含量。我女儿读一年级，她喜欢玩《动物园大亨》。这款游戏让玩家经营管理一个动物园，她可以购买动物，布置展览，迎接游客。随着业务的发展和扩大，她有机会了解野生动物的栖息情况，掌握宝贵的设计技能并解决复杂问题。

　　文化评论家史蒂文·约翰逊指出，与二三十年前相比，如今的儿童电影中出现了更多的人物和更加复杂的故事情节。在《文明》这样的视频游戏中，玩家统治着一个不断壮大的帝国，这个帝国从小村庄发展到城邦，再发展到全球范围，游戏操作远比《乒乓》和《吃豆人》复杂得多。[18]近一个世纪以来，发展心理学家已经了解到，孩子可以在游戏中学习。例如，皮亚杰认为，儿童游戏的形式反映了他们智力发展的阶段。利维·维果斯基在其著作中指出，玩耍对孩子的社交能力培养和情感发展至关重要。在认知心理学领域，杰罗姆·布鲁纳和他的同事证明，玩耍本身就是一种学习形式：它通过让我们熟悉事物的运作原理来帮助我们学会解决问题。[19]

　　但是良好的家庭教育和学校教育并不意味着让孩子在媒体丛林中放任自流。充满智慧的父母和优秀的老师会和孩子一起阅读、玩耍和交流。心理学家凯文·克罗利和他在匹兹堡大学的同事做了一项关于孩子和父母如何谈论科学和技术的研究。结果发现，孩子和父母的谈话都是从简短的科学讨论开始的。在这些讨论中，父母就感兴趣的话题向孩子提供信息。克罗利的研究表明，当一个孩子从每一次互动中了解到更多关于这个话题的信息时，他就会对这一话题产生更多的兴趣，从而导致进一步的交流和更深层次的理解。这些微小而零碎的解释，每个都很平常，但是组合到一起，就形成了克罗利所说的"专业知识岛"。专业知识岛可以与任何话题有关，比如火箭船或恐龙，孩子越感兴趣，了解的就越多。

　　克罗利对这些知识岛的看法是，它们是随着孩子与父母或知识渊博的成年人的互动而形成的。例如，在克罗利的研究中，一个4岁的男孩和他的母亲在参观博物馆的展览时谈到了化石[20]：

麦克斯：哇，迅猛龙，我有一个……

母　　亲：我知道，我知道，还有……记不记得，它们有……你的书里讲过这种龙的爪子……

麦克斯：不，我知道，它们爪子巨大，能用来吃东西和捕杀猎物……

母　　亲：它们用爪子来撕开猎物，白垩纪时期……

麦克斯：白垩纪时期？

母　　亲：没错。八千万年前，是很长时间以前了。

请注意麦克斯的母亲是如何通过技术性、专业性、知识性的思考和交谈来引导孩子动脑筋，从而激发孩子的兴趣并加以拓展。她把儿子对恐龙的兴奋之情转化为让他了解白垩纪化石生物力学假说的契机。在这样的关于孩子兴趣的讨论——关于他们玩的游戏，他们已经了解的、想要了解的内容的讨论中，大人帮助孩子认识到学习的重要性，帮助他们认识到他们可以学习复杂的、具有技术性的专业知识。

换句话说，玩耍、探索和实验都很重要，在这一过程中，成人扮演着重要的角色，但如今，太多的年轻人缺乏榜样的示范和导师的引导。[21]麦克斯的母亲鼓励和支持麦克斯坚持自己的兴趣爱好，使其发展成为专业知识岛。许多父母在数学、设计、科学技术领域也具备类似的技能，但很少有父母是孩子在当今世界需要掌握的广泛专业技能方面的专家，而有些人专业知识有限，甚至几乎没有。

认知游戏

计算机已经问世了半个多世纪，在教室里已经使用了几十年。然而，正如技术怀疑论者，研究新技术对学校影响的教育学教授拉里·库班所指出的，教育并没有发生大规模的变革。[22]为什么呢？因为我们一直在用错误的方式看待事物。

计算机缘何重要

传播学学者马歇尔·麦克卢汉曾经说过，"内容"就像小偷用来哄看门狗睡觉的一片多汁的肉。[23]他的意思是，我们用一项新技术，比如打印机或电视所做的事情，不如我们使用这项技术本身重要。阅读和写作对我们的改变比任何一本书的内容对我们的改变都要深入；电视的力量在于它能把世界带到我们的客厅，至于世界的哪个部分来造访我们并不重要，因为不论是谁前来造访，都让这个世界显得更小。新技术改变了我们交换信息的速度和类型，从而改变了我们相互交流和理解世界的方式。

因此，计算机的重要之处不在于我们能用它来交易股票、网上购物、网银支付、查看天气，或者和朋友玩《毁灭战士》。这些只是内容，就好比生肉，不管它是好的还是坏的，都会把我们的注意力从计算机真正做的事情上转移开来。

在上述这些例子中，计算机所做的事情以及我们使用计算机所做的其他事情，就是对我们周围的世界进行模拟[24]，计算机让我们制造出模仿世界运作的模型。这些模型能让电脑完成一些原本应该由我们自己来做的工作，从而让我们能更加轻松地在现实生活中把事情搞定。而且，它让我们通过创造虚拟世界来模拟现实，在虚拟世界里，我们可以做一些现实生活中根本无法做到的事情。通过让我们在强大的模拟环境中工作和游戏，计算机改变了关于人类所知和所能的含义。[25]这就是麦克卢汉所说的"小偷"的含义，这就是计算机的作用举足轻重的原因。要发挥电脑的真正力量，需要形成一种新的关于思考的思维方式，一种新的关于学习的思维方式。

电子游戏可以改变教育，因为现在，计算机使得通过在校外做各种事情来广泛学习成为可能。电子游戏使学生能够以创造性的方式来思考，就像现实生活中的创新人才进行创造性思考一样。

但是，只有当我们首先明白计算机如何改变受教育的真正含义时，它们才能做到这一点。

赞扬认识论

认识论是对认识的含义的研究。从根本上说，这是一本关于认识论的书，关于数字时代的认识论的书。"epistemology"（认识论）这个词来自希腊语词根"episteme"，后者的意思是"认识"或"理解"，"logos"的意思是"单词""想法""学习"，乃至"意义"本身。认识论是对知识的研究。在此，我认为，计算机为我们从根本上重新反思"认识"的含义创造了必要性和研究手段，从而让我们思考什么东西值得学习以及我们该如何教授。

计算机正在创造一个重视创新和创造性思维的世界。而电子游戏能使年轻人为在这个世界生活做好准备，但是只有当我们理解了人们怎样学会创新思维，这一切才会发生。我们必须研发工具帮助年轻人学习创新。工具之一便是认知游戏。从根本上讲，认知游戏就是学习以创新的方式来思考的游戏。这当然不是使用新技术来改善教育的唯一途径，但这一解决方案是我们所需要的，它利用新技术，以适合后工业时代的全球化经济和社会的新方式思考学习。

因此，这是一本关于计算机，关于游戏，关于如何让学生为面对全球竞争做好准备的书。然而实际上，这是一本关于思维的书。不仅如此，这也是一本关于学习，关于我们如何能够，以及必须怎样通过电脑让我们所有的孩子都能深刻真实、充实有效、目的明确，最重要的是，有意义地学习的书。这是一本关于运用电脑游戏帮助学生在日新月异的世界中，以实用有趣的方式学习重要思想理念的书。

这本书向我们展示了如何利用新技术，让所有的孩子都能像麦克斯在母亲的帮助下那样学习，像佛蒙特州那所特殊的学校里的孩子们那样学习。它向我们展示了电子游戏——虽然它是一种非常特殊的游戏，如何改变教育，以应对全球经济下的创新挑战。

从这里到那里

本书所呈现的有关学习的观点——认识论很重要，它是教育问题的核心，是有其思想来源的。皮亚杰也许是 20 世纪最重要的发展心理学家，尽管他并不认为自己是一个心理学家。[26]他称自己为发生认识论学家，他的兴趣在于分析儿童经历不同的思考阶段，从而越来越抽象地认识这个世界的过程。[27]同样，杜威详细描写了现实活动的力量，描写了佛蒙特州农场的学习生活。[28]20 世纪，杜威帮助创建的进步运动，着眼于年轻人应该如何积极主动通过研究有意义的问题来进行学习。[29]

过去一个世纪以来，人们对思维方式，对如何更好地帮助自己学会更深入地、更富同情心地、更有效地思考他们将在这个世界上遇到的问题和情况展开了研究。本书所提出的有关学习的观点都建立在这些研究的基础之上。但是我在本书中所展现的教育愿景，在两个新的、重要的方面展示了有关学习的理念。

第一，学习是如何在游戏，主要是电子游戏中发生的，尽管我也会举一些几乎不需要技术的游戏的例子；第二，为应对新技术带来的经济社会状况，孩子需要准备什么。这是一种在虚拟世界中学习，为适应瞬息万变的世界而学习的理念。

这一理念的结果导致了一种有关教育的思维方式的产生，该思维方式既非传统意义上的"进步"，也非"倒退"。计算机为孩子们提供了进入新世界的途径，一种除非通过计算机模拟，否则对他们而言太昂贵、太复杂或是太危险的现实情景的途径，一种进入他们可以参与现实社会活动的想象世界的途径。数字时代的虚拟世界要求我们以新的方式审视学习。

我的观点是，我们不能再从传统学校的角度来看待教育。我们所了解的学校，是在特定的时间和地点，为满足特定的社会经济需求发展起来的。但是时代变了，我们对教育的认识也要发生变化。历史、英语、数学、科学这些课程并不是划分值得认识的世界的唯一方法，在课堂上花 40 分钟来讲课和诵读并非学习的唯一方式，对知识和基础技能的标准化考试并非判断谁学会了该学的内容的唯一方法。

为适应重视创新的、非标准化的世界里的生活，年轻人需要学会像创新人才一样思考。现实生活中的创新专业人员，有与其他所有学科一样一以贯之的、根本、基础的思维方式和工作方式。创新专业人员的工作是围绕我所说的认识论框架——专业人员用来进行创新思考的所有专业技能、知识、身份认知、价值观和认识论组织起来的。创新者通过接受与传统课堂截然不同的专业训练来学习这些认识论框架，因为创新思维不仅仅意味着知道考试的正确答案，它还意味着拥有现实社会的技能、标准和专业价值取向，以及一种审视和解决问题的特殊方式。

本书分章节对创新思维的要素——认识论、知识、技能、价值观和身份认知展开论述。认识论框架的要点是，创新需要将这些要素加以整合，而观察框架的各个部分，则更容易看清计算机、游戏、创新和学习是如何结合在一起的。

第一章介绍了游戏以及真正学会思考的定义。本章将这两个观点相结合，展示了游戏如何比学校教育更加贴近现实，论述了如何用更现实更有意义的方式来审视世界上的重要问题。

第二章讨论计算机如何改变人们对认识事物的意义的看法，以及具有创新思维的人在计算机时代需要掌握的知识种类。这两种观点结合在一起，向我们展示了为何年轻人在数字时代不仅要用新方法学习，还要学习不同类型的知识。

第三章重点讲述了计算机能让我们做更多事，因此，它能帮助我们通过做创新人才所做的事来学习。本章主要讨论专业人员如何学会创新思维并展示专业培训如何为人们用新方法学习新知识提供模型。

第四章讨论像专业人员一样思考和工作，意味着学会重视专业人员认为重要的、有意义的以及值得关心的事情。重点讨论是什么使得人们想要努力工作和学习。本书观点是，电子游戏并不仅仅是单纯的娱乐，它能帮助青少年学习在不断变化的世界中取得成功所需要的技能、知识和态度。

第五章探讨成为一名创新专业人员的意义，像专业人员那样思考和工作意味着把自己当作专业人员。本章论及专业培训如何帮助人们学会将自己看作专业人员，以及缘何这些创新经验对青少年在数字时代成为成功的成年人如此重要。

最后一章讨论基于专业创新的认知游戏如何改变我们对年轻人的教育方式。本章着眼于这些游戏的特殊之处，它们与普通商业游戏有何不同，以及如何有别于通常的学校活动。这一章向我们展示了数字时代教育的下一步可能不是在校园中开展，甚至不是在家庭中进行的，而是通过让关心孩子学习的成人与儿童一起玩新型游戏来实现。

本书每一章都分析了一款阶标游戏，该游戏旨在检测已经得到详细研究的有关学习的新观念。"阶标"是一个测量术语，是一个永久放置的测量标记，犹如一根被埋入地下的石柱。"阶标"作为已知的参考点，其位置精确，可以用来确定地图上其他点的位置。

讨论这些阶标游戏有两个目的。一是提供每一章所涉及概念的具体例证。正如派珀特所说："我们不能只是审视思考本身，除非我们有思考的对象。"[30]阶标游戏为每一章节的观点提供了具体的背景。

二是，阶标游戏还提供了一种新的关于学习的思维方式。这些游戏的情节被刻意设计成最理想的情形。为数字时代建立新的教育体系是一项艰巨的任务，它需要政治、制度和知识上的变革。我希望通过提出我们需要做哪些以及如何做来推动变革的发生。

令人鼓舞的是，每一章所描述的游戏都向我们展示，扮演专业人士能帮助青少年学会以创新的方式在日新月异的社会中进行思考。令人失望的是，这些游戏还没有得到广泛运用，设计它们的目的是进行测试，而不是销售。我希望在接下来的几个月，或者几年内，孩子们可以很容易地接触这些游戏，甚至更多同类型的其他游戏。目前，这些游戏尚属可能范畴，既不是未来的蓝图，也不是现成的产品。[31]

正因如此，本书每章都讨论了一种可在市场上购买的游戏，这些游戏使得进行一些相同类型的学习成为可能。我的目的并不是特别支持这些游戏。因为首先，世界上还有许多其他游戏，而且在我写下这些文字到出版成书期间肯定会有其他更好的游戏问世，所以任何试图描述"最佳游戏"的努力都是徒劳的。更重要的是，我要指出一点，"游戏"总是比装在盒子里呈现的要多。我在这里所描述的游戏——认知游戏和商业游戏——只有在孩子玩耍时才能发挥作用。因此，每一章最后都向家长、老师和其他成人提出了如何帮助孩子使用游戏的建议，以便为让他们在充满挑战的世界生活做好准备。

世界正在发生变化，这一点毫无疑问。许多人认为，一场危机即将来临，年轻人需要有创新技能才能找到好工作，过上充实的生活，并且从长远来看，我们国家的经济活力取决于年轻人的能力。麻省理工学院的经济学家大卫·奥托及其同事已经证明，计算机已经使得人们取得经济上的成功所需的技能发生了变化。就业市场上，需要复杂的思维能力、支付高薪的非常规工作越来越受重视。[32]并非只有个人受益于创新技能。加拿大经济学家的研究表明，创新是高收入国家经济增长的关键。[33]

因此，虽然我用来阐述问题的数据和提出的解决办法大多来自美国，但我希望大家清楚，这些问题并非美国独有。在全球经济中，任何想要保持乃至强化其竞争优势的国家都需要思考创新，思考如何让年轻人为数字时代的生活做好准备，我们都需要了解游戏，从游戏中学习。

我的目标是看看我们如何能做到这一点，看看为应对这些挑战我们能做些什么，但不是关注我们短期内，比如今天或者明天能做的事情，例如更换我们使用的教科书或是关闭不达标的学校。真正的问题比这更重要，要解决这个问题，我们需要以新的方式来审视教育问题。

有了我所讨论的那些认知游戏，青少年不必等到读大学、研究生或者进入职场后才开始接受创新教育。在这些游戏中，学会像专业人士一样思考能让他们从小就具备创造性思维。但是，在高科技、全球化、数字化的后工业时代，这类游戏在我们教育孩子的方式中扮演了什么样的角色呢？它们应该成为学校课程的一部分吗？电子游戏应该在家玩，还是随时在便携式游戏机上玩？学习型游戏应该是什么样子？更重要的是，当孩子们玩游戏的时候，他们会进行什么样的学习呢？

这些问题都很重要，而我们国家和孩子的未来取决于我们如何回答。

第一章　认识论："辩论游戏"

1960 年 9 月 26 日，7 000 万美国人观看了理查德·尼克松和约翰·肯尼迪之间的首次电视辩论。主持人兼记者霍华德·K. 史密斯开场道：

> 晚上好！今晚两位总统候选人即将展开辩论，您现在收看的是美国地方及国家广播电视台、电台现场直播，我们感到非常荣幸。候选人已经不需要详细介绍：共和党候选人副总统理查德·尼克松和民主党候选人参议员约翰·肯尼迪。根据候选人设定的规则，今晚他们每人要做约八分钟的观点陈述和约三分钟的总结。在此期间，候选人将回答提问，或是对对方就记者小组的提问做出的回答进行辩论。本场是四场公开辩论的第一场。我们辩论的主题已经商定，主要围绕美国国内事务。首先有请参议员约翰·肯尼迪做第一次观点陈述。

这两位候选人之间的四场辩论的第一场是关于国内问题，但决定胜负的并不是辩论的主题。8 月，尼克松在医院待了两个星期，体重少了 20 磅，脸色有些苍白，但他拒绝化妆进行掩饰。肯尼迪一直在加利福尼亚参加竞选活动，他看上去皮肤黝黑，精力充沛。听电台辩论的人认为尼克松表现胜过肯尼迪，而看电视直播辩论的人认为肯尼迪会最终取胜。[1]

在这场历史性辩论过去 33 年之后，一群八年级学生进入学校礼堂。舞台上有两张桌子，每张桌子旁有两把椅子。一张桌子上的牌子写着"赞成"，另一张桌子上的牌子写着"反对"。舞台中央放着一张讲台，上面放着麦克风。舞台边上的桌子旁坐着老师，手里拿着另一只麦克风。

四名学生坐在舞台上的两张桌子后面，查尔斯和萨曼塔坐在"赞成"那边，亚当和路易莎坐在"反对"那边。[2] 其余的同学坐在观众席的前面几排。

"尊敬的评委，各位辩手，各位嘉宾，大家好。"老师说，"欢迎参加一年一度的外交政策辩论。我们今天的话题是——"这时候，老师提高了音量，

"美国为了自身利益向西班牙开战。"

他继续严肃地说道："辩论的正方是查尔斯·路易斯和萨曼塔·贝尔；反方是亚当·马科维茨和路易莎·梅迪纳。在今天的辩论中，每位辩手将做四分钟的开场观点陈述。从正方开始，每个团队轮流发言，中间有五分钟中场休息时间，然后每位辩手有两分钟时间反驳和总结。最后，评委有五分钟的时间判定辩论胜负。"

这时，台上的学生们安静端坐，尽管他们在该学年的早些时候见过同伴参加这类活动，但他们依然显得紧张。除了扩音器里老师的声音，礼堂里鸦雀无声。

"作为主持人，我来计时，"他继续说，"我会使用以下手势。"

"这个手势，"他举着一根手指说，"表明发言者还有一分钟的时间。"

"这个手势，"他把手弯成一个圆圈说，"表明发言者还有三十秒的时间。"

"这个手势，"他把手在脖子上挥来挥去说，"表明发言者还有五秒钟的时间。"

"当发言者的时间用完时，主持人会关掉台上的麦克风。"

"各位辩手，祝你们好运。现在，我们有请正方发言。"

辩手和评委

我清楚地记得我的主持发言，是因为在那场辩论之前，我已经在我的教学生涯中组织的近三十场辩论中说过这段主持发言。做主持发言的目的是为了给这些八年级历史课学生一种庄重感，让辩手和评委认真对待他们的工作。这就是学生们玩的游戏的一种，叫作"辩论游戏"。

辩论一周前，正方和反方都收到一份详细的表格，上面写着"给参加辩论同学的建议"，内容是辩论的形式和评判标准——辩论中，举证责任由正方承担。

> 正方的观点是，美国之所以向西班牙开战是为了自身的利益。反方必须设法说服评委正方并没有证明自己的观点。为了赢得胜利，正方必须向评委证明自己的立场（美国的理由是自私的）。反方只需要证明正方并没有证明自己的观点，不需要证明美国开战并不是为了一己之私。

这份材料中的建议内容很具体，"这场辩论围绕两个关键点展开：是什么使得历史上的这次行动是'自私的'，以及美西战争的史实是什么"。同时这份建议也提供了辩论策略，提示辩手如何组织论据以赢得辩论："关于什么是'自私'，你可以在辩论中提出一个对你有用的定义。但是请记住，在辩论中，你不必为自己的信念而争辩。只要论据有助于取胜，你就应该使用它。"

评委同样收到了一张评判说明，其中包括他们应该用来评判辩论的具体标准：陈述的质量、证据的使用、论据的清晰度以及反驳对方立场的技巧。他们被明确告知，不能根据自己的信念判断，而应根据双方所提出的论据的力度来评判：

> 辩论取胜的标准，即你要做出决定的标准，不是哪个团队的观点是正确的，而是哪个团队所做的论证更出色……与课堂讨论相比，辩论更像是真正的法庭案例。你不应该判断一个辩手的立场是否正确，而应该判断他的陈述方式、论据的使用、信息的来源、论证的清晰度，以及他反驳对方观点的技巧。

辩论结束后评委必须马上准备一小段文字，说明自己评判的理由，然后写出一份完整的报告详细解释他们的决定。报告会交给辩手，因此必须达意清楚、反馈有效、观点鲜明。

换句话说，这不是一场简单的游戏，玩这个游戏意味着要遵守成为辩手和公平评判一场辩论的详细规则。

这有趣吗？

前面我们对"辩论游戏"做了简要介绍，现在我们来问一个基本问题：为什么这场辩论是场游戏，而不仅仅是一个帮助学生认识美西战争的巧妙的课堂活动？游戏不是饶有趣味，而且涉及孩子本来就关心的内容吗？学校教育不是与学习有关，与必须做的事情而不是与想做的事情有关吗？根据这些标准，为什么这不是学校活动而是游戏？

事实上，这当然是一场游戏。理解"辩论游戏"怎样和缘何成为游戏，对理解电子游戏如何改变我们的教育体系非常重要。

不过，对于新手来说，辩论游戏其实很有趣。学生们喜欢玩这个游戏，不只是因为可以借此逃掉一天的历史课。这是一种乐趣，西摩·派珀特称之为"硬乐趣"，当你做一件困难的、你在乎的事情，并且最终掌握它时，你就会拥有这样的乐趣。[3]

但是稍等，学生们真的关心美西战争吗？并不是，至少不比其他八年级的学生更关心。作为辩手，参与的学生所在意的是胜负，以及在学校乃至在众人眼中玩好任何一种游戏所带来的自豪感。作为评委，学生们在意，是因为他们的意见很重要。他们决定这场辩论谁赢谁输，他们撰写的书面评语不仅仅是一项老师加以评分后就束之高阁的作业，他们的同学还要阅读这份评语对他们在辩论中的表现的评价。

这里，我想强调一点，虽然辩论有趣，但这并不是它成为游戏的原因，因为有趣实际上并不是游戏的决定性特征。从表面上看，我们玩游戏是因为我们喜欢这个体验，但很多时候，我们在游戏上花费许多时间并非是为了获得乐趣。[4]

大部分橄榄球球员都要练形体、练健美、练力量、练跑步，不做这些教练会反对，但对于大多数球员来说这些活动并不是很有趣。电子游戏玩家花费大量的时间重复基本动作，以便能进入下一关。当我和女儿玩一个名叫《精灵：西马仑河的骏马》的游戏时，让马奔跑的唯一方法是不断地点击鼠标，由于我女儿点击的速度不够快，无法使马跨过栅栏或溪流，所以我食指的耐力决定了我们享受游戏乐趣的多少，虽然我真的很喜欢和她一起玩游戏，但对我来说这个游戏一点也不好玩。

最近，我和一位同事在网上聊天，当时他正在玩《魔兽世界》，这是最近的一款大规模多人在线游戏，成千上万的人在网上玩，他们在一个神奇的中世纪世界里改变自己的身份。当我意识到他正在玩的时候，我为打断了他向他道歉。他回答说："没关系，我只是在游戏中做一些无聊的任务。"事实证明，即便在根据同时在线人数来判断最受欢迎的游戏之一里，你也不得不做一些本身并没有多少乐趣的事情。[5]

乐趣不是游戏的决定性特征，输赢也不是。许多传统游戏都是一种竞争性活动，例如多数体育运动，国际象棋、跳棋等多数棋类游戏，纸牌游戏，以及许多儿童游戏，如"鸭鸭鹅""抓人游戏"或"捉迷藏"。你甚至可以在没有竞争的情况下有输有赢，比如某些单人纸牌游戏，但许多游戏没有赢家和输家。在"辩论游戏"中，辩手有输赢，但评委没有。如果你仔细听孩子们（尤其是学前儿童和小学生）谈论游戏："让我们来玩消防员游戏""让我们来玩超级英雄游戏""让我们来玩房子游戏"，你会发现他们用"游戏"这个词来形容所有需要团队合作的持续性的活动，而与我们传统意义上认为的输赢无关。

同样，在《魔兽世界》这样的游戏中，获胜也不是目标。你可以变得更厉害，但即使是最厉害的玩家也不可能任何时候都赢。游戏研究员理查德·巴图认为，至少存在四种不同类型的多人在线幻想游戏玩家：喜欢在游戏世界中成功完成任务的玩家、喜欢尽可能多地了解虚拟游戏世界的玩家、喜欢在游戏中与他人交往的玩家，以及喜欢支配其他玩家的玩家。[6] 每一种不同类型的玩家都在游戏中享受着不同的乐趣，而且当你玩腻而不是"赢了"的时候（尤其是对社交玩家和探索玩家来说），游戏才会结束。[7] 不同的玩家在同一款游戏中有不同的结束状态，他们用不同的方式决定何时结束游戏。显而易见，能让玩家在结束时找到个人或社会意义的游戏更吸引人，也更有助于我们了解世界上的重要事物。

在许多现代电脑游戏的灵感来源《龙与地下城》这样的游戏中，玩家会扮演一个角色——精灵巫师、矮人战士、霍比特小偷或人类牧师。与今天的许多视频游戏一样，玩家通常会在游戏开始的时候花费大量的时间来设定自己的角色。在《龙与地下城》中，玩家通过掷骰子来决定角色的魔力、敏捷程度、长相和健康状态（当然，在游戏中使用的是更加专业的术语）。玩家还要选择服饰、购买道具、虚构角色的背景。在视频游戏中，玩家不掷骰子（尽管在一些游戏中，实际上有一个虚拟的骰子在屏幕上滚动），但他们仍然会设计一个有各种优缺点的角色，并且经常为角色选择一些细节特征，比如面部特征。

一旦在《龙与地下城》这样的游戏中角色被赋予生命，玩家就会根据游戏规则扮演自己的人物角色。战士可以做的事情巫师不能做，反之亦然。玩家可以是善良的，也可以是邪恶的。他们积累财富，掌握更多技能，或是在冒险中死去。游戏结果是由玩家个人、其他玩家，以及在一个复杂的规则体系内的各种掷骰子结果的组合所共同决定的。但最终，没有一个玩家可以做所有的事情，成为游戏某一方面的高手必然意味着不擅长另一方面。就像在生活中没有绝对的胜利状态一样，"赢"指的是游戏玩得很好，但不一定比另一玩家金币多，或者达到某种预定的结束状态。[8]

角色与规则

使游戏成为游戏的，既不是"好玩"，也不是"输和赢"，而是一套玩家必须遵守的特定规则。游戏中，玩家被赋予特定的角色，比如国际象棋中的"黑"与"白"、《龙与地下城》中的"矮人战士"、"抓人游戏"中的"它"。扮演一个角色意味着遵循一系列的行为规则。在提出这一说法时，我想借用发展心理学家利维·维果斯基的观点，他认为"没有规则就没有游戏"[9]。维果斯基的意思是，所有游戏，即使是年龄很小的孩子玩的没有固定结局的开放式游戏，也会创造一些虚拟情境，其中都有或明或暗的规则，这些规则决定了玩家能做什么，不能做什么。[10]

事实上，如果你看小孩玩游戏，通常情况下，他们更多的时候是在对角色和游戏规则做出决定，而不是在扮演角色。例如，一个孩子会说："让我们玩'我是孤儿'游戏吧。"[11]另一个孩子会回答说："不，我们不是孤儿，但是我们的父母已经走了，我们必须照顾好自己和我们的四只猫。"然后第一个孩子又说："我们有只猫生病了，我来当兽医，你可以当厨师。"与在他们所创造的世界里玩耍相比，他们花在创造这个世界上的时间更多。

当然，游戏世界里的规则反映了孩子们对孤儿、宠物主人、兽医和厨师行为的理解。为了说明这一点，维果斯基讲述了两姐妹"扮演"姐妹的例子。[12]这个情况我很清楚，因为我也和女儿们一起玩各种不同版本的"过家家"游戏。我最大的孩子会说："我们来玩过家家游戏吧。我来当姐姐，她来当妹妹，你来当爸爸。"换句话说，我们要按照我们家庭的实际情况来扮演，要完全按照孩子与父亲角色的规则来扮演。姐姐和妹妹应该善待彼此（除非设定她们是继姐妹，在这种情况下，她们应该特别刻薄），我要么扮演一个不负责的父亲（"我们把冰激凌当作晚餐吧！"），要么扮演一个理想中的父亲（"我们把房子打扫干净，然后奖励自己去看一场马戏！"）。

你也许认为过家家游戏仅仅是孩子的游戏而已，那么看看有史以来最畅销的电脑游戏《模拟人生》是怎样的吧。在这个游戏中，玩家住在郊区小镇上，他们有自己的房子，在小镇工作，他们买卖东西、上学、聚会、约会、结婚、生孩子，直至最后离世。该游戏的广告词这样宣传道："玩家可以与其他游戏角色建立联系，可以把自己角色的生活经营得蒸蒸日上或是每况愈下，可以和朋友一起玩、举办派对、在虚拟生活中遇到恋人或是独善其身。"[13]当然，你也可以扮演当厨师的孤儿。

这样的游戏很有趣，其价值在于能让孩子品尝下令他们好奇、害怕或渴望的生活。正如维果斯基所言，所有的游戏都是"一种实现不能立即满足的愿望的方式"[14]。在玩游戏的过程中，孩子们可以公开地、大胆地做成年人私下里悄悄做的事情。他们正在对他们想要认识的世界进行模拟，以理解其规则、不同的角色和行为的后果。他们通过研究游戏中的选择学会思考[15]，并从这些经历中了解成为被社会排斥的人（"它"）、战争领袖（"白人"或"黑人"）、专业人员（"消防员"或"厨师"）、家庭成员（"父亲"或"姐妹"），以及世界上其他许多或真实或想象的人物意味着什么。

把国际象棋之类的棋类游戏形容为玩家可以通过特定角色探索世界的游戏，似乎有点奇怪，但是当研究人员研究经验丰富的游戏玩家时，这就是他们的发现。我们可以参考下赫伯特·德莱弗斯和斯图亚特·德莱弗斯在研究国际象棋大师之后所做的论述。"国际象棋大师全神贯注于游戏，"他们说道，"他们可能会彻底忘记自己是在操纵棋盘上的棋子，而把自己看成一个机会与威胁、优势与弱势、希望与恐惧并存的世界的参与者。当他们下得很快时，他们会自动避开危险，就像十多岁的孩子能在熟悉的电子游戏中避开导弹一样。"[16]

论证与反驳

辩论之所以能成为游戏，是因为学生们进入了辩手和评委的角色，并按照定义这些角色的规则来玩：在辩论中他们让自己的信念服从于论证规则，专注于谁提出的论据更佳，而不是孰是孰非；他们撰写辩论评估报告不是为了给老师看，而是为了对同学的表现做出反馈。当然，他们并没有真正站在历史学家的立场上来评判美西战争的功过，也不是真正在给他们的同学打分。但是他们表现得如此，就像《龙与地下城》的玩家并不是真的变成了精灵和巫师，他们只是按照他们（以及游戏设计者）认为的精灵和巫师的行事方式来扮演角色。

与《龙与地下城》一样，"辩论游戏"是一个角色扮演游戏，我们称之为"论证与反驳"。在这个游戏中，玩家扮演辩手和评委的角色，身处想象的世界之中。在这个世界里，他们会对历史人物道德的高低和自己同伴技巧的优劣做出判断。不过，为了了解这个游戏告诉了我们有关学习型游戏的哪些内容，让我们重温一下美西战争的细节。

下面是八年级历史课本对美西战争的一段描述。[17]阅读时，你可能会注意到这段文字几乎没有提到历史人物，只模糊地提到了战争牵涉的几股力量。这场战争并非因个人而起，而是因人群而起。实际上，这场战争并不是由任何个人发动的，它就这么发生了。

> 美国-西班牙战争爆发。19世纪后期，古巴和波多黎各被革命所席卷，它们是西班牙新世界帝国仅存的两个国家，两个岛屿都想要独立。美国人表示支持，并对古巴和波多黎各的起义者受到西班牙的

严厉制裁感到愤怒。美国人之所以感到愤怒是因为：（1）美国人在古巴投资了约5 000万美元；（2）古巴是美国最大的蔗糖供应国；（3）古巴的战略位置很重要，因为它控制着墨西哥湾的入口……当美国战舰"缅因号"在哈瓦那港神秘沉没时……美国宣布开战，并在不到5个月的时间里击败了西班牙。美西战争最后以美国接管波多黎各和太平洋上的菲律宾群岛结束。

现在，你已经重温了这场战争的情况，以下复习题可供检查你是否理解了上述文字：

（1）美国发动美西战争的三个原因是什么？
（2）由于美西战争，美国吞并了_____。
a. 墨西哥　b. 菲律宾　c. 西班牙

例如，问他们为什么

现在，让我们将对这场战争的枯燥描述与辩手对这一历史事件的看法进行对比。我将在这里对评委所撰写的一份报告做一些延伸，因为专业的历史学家和教育工作者编写的教科书与由作为辩论游戏参与者的八年级学生撰写的报告相比，其内容和形式差异明显。请留意这份报告对辩论情况的完整描述，评委不仅记录了辩手是如何利用证据来证明自己的观点的，她还用论据来支撑她对辩论的分析。

总体介绍

正方

正方的整体表现很好，但两位发言者说得再慢点、再清楚点就更好了，因为我很难听懂他们说的话，其实他们的时间是很充裕的……他们说的一些证词听起来很有说服力，比如："第一批伤亡名单并没有使国人减少爱国热情，因为美国意识到它正走在通往国际显赫地位的大道上。事实上，马尼拉战役获胜的消息传来后，民众受到激励纷纷入伍，消息甚至激起了最保守公民的爱国心。"（艾伦·凯勒《美西战争》）这些论证材料的使用，连同其他一些材料一起，使他们的论证听起来很有说服力。

反方

两位辩手的整体表现都很出色，他们都说得很好，但如果声音再大一点就更好了。他们的论证很有说服力；他们引用了一些证词和统计数据，例如他们提到，当"缅因号"沉没时，有216人死亡。

论据的质量

正方

他们的论点陈述得非常好。他们清楚地提出了美国开战的三个主要原因：获取财富、扩张领土和攫取权力。他们的大部分论点都是有道理的，但是关于"缅因号"如何沉没，船上的人如何死亡，他们的证词缺乏说服力。他们清楚地表明了自己的观点，即，美国向西班牙开战是为了自身的利益。

反方

反方论证同样也很扎实。他们的主要论点是，美国不想成为帝国主义国家。他们这样陈述道，美国希望帮助古巴，而不是占领古巴，并以此清楚地表明自己的论点。他们指出，历史学家弗兰克·弗莱德曾说过："古巴人虽不够强大到足以赢得胜利，但也没有弱到投降的地步。"这句话引用得很好，因为它提出古巴人需要帮助，而这正是美国打算要做的。

证据的使用

正方

正方使用的论据合理。两位辩手都引用了许多论据。例如其中一位辩手说："要求西班牙政府立即放弃其在古巴岛的统治权力，并从古巴和古巴海域撤回其陆军和海军部队，是美国国家的职责、美国政府的职责。"（麦金莱总统致西班牙的一封信）……

反方

反方也使用了有力的论据。他们把书放到评委的面前，以展示他们的论据来源，这的确有帮助。他们给出了具体日期，引用了很多材料……他们可能本不想引用那么多材料，因为他们其实可以把它们翻译成自己的话，他们的辩论有一半都是引用之词。他们指出，美国知道成为别国殖民地是什么感觉，这一证词很棒。

让我们来看看这位评委写了些什么。第一，她对辩论情况进行了描述，在这场辩论中，辩手对课本上所写的这场战争的基本情况都有所涉及，包括“美国开战的三个主要原因：获取财富、扩张领土和攫取权力”。而辩手们的论述也显然远远超出了课本的范围，他们用原始文献资料和历史学家的解读来证明自己的观点（事实证明，这让人印象格外深刻，因为在全班阅读有关这场战争的课文之前，辩手们就得为这场比赛做准备）。第二，评委对如下情况进行了记述：辩论中，辩手使用证据对历史事件的某一阐释做出论证，他们用历史事件参与者的动机解释历史事件。他们争论的焦点是，我们是否可以把一个国家的行为称为自私，以及这个定义是否适用于美国1898年对西班牙宣战的决定。第三，这位评委的报告在讨论评判标准时结构清晰。她不是在谈论她的观点，也不是在说哪一方是“对的”或“错的”，她是在根据所提出的论据的力度来评估双方对历史事件的解释。第四，这位评委采用辩论中的具体内容来支撑她的观点，她举出了具体的例子，并用这些例子来解释自己对辩手论据的分析。

最后，请记住，他们只是八年级的学生。就课本来说，他们本来可能只需要清楚战争爆发的三个原因，并且掌握战争的结果是美国吞并了菲律宾。

有些读者可能会对比赛结果感兴趣，这位评委（和其他评委）认为，尽管正方提出了有力的理由，证明国家利益是美国政府于1898年对西班牙宣战的部分原因，但他们并没有提出令人信服的证据证明其原因必然是自私的，评委判定反方得胜。

“辩论游戏”在这里很重要，是因为它以游戏的形式捕捉到我们在佛蒙特州农场所看到的那种真正而卓有成效的学习，它为从生活中学习到从游戏中学习搭建了一座桥梁。

原因如下：游戏中虚拟世界的规则比传统历史课堂的讲授和背诵更能体现历史学家的思维方式。当我们在游戏中通读评委的报告，观察辩手们是如何提出他们的论点时，我们可以看到，辩论游戏的这些参与者更像是真正的历史学家，而不是训练有素的、根据教科书回答历史选择题的学生。

斯坦福大学教授山姆·温伯格仔细研究了学校教授的历史和历史学家研究的历史之间的差异。在温伯格一项设计特别巧妙的研究中，他收集了一系列有关揭开美国独立战争序幕的“响彻全球的莱克星顿的枪声”的资料，包括原始资料和二手资料，以及描绘不同时期战役场景的绘画作品。他将这套历史资料交给了 8 位历史学家和 8 名高中生，研究他们如何使用这些资料来"理解 1775 年 4 月 19 日早上发生在莱克星顿的事情"[18]。

结果发现差异相当惊人。"从上到下，从左上角的第一个词到右下角的最后一个词"，学生们认真阅读了文本，他们认为这些资料是"传递信息的工具"，认为偏见具有二元属性：一份文本要么是有偏见的，要么是没有偏见的。就像一名学生解释的那样，文本"只应记载事实"（另一名学生称其为提供"直接信息"），否则就是有偏见的、不可信的。

在这个意义上，对于历史学家来说，这些资料并不是记载事实的工具，它们是由特定的人在特定时间撰写的，有特定的视角。历史学家们认为他们工作的一个关键就是将这些资料相互关联起来加以解释，认为这些文本"不是需要收集的信息片段，而是需要正确理解的社会交流活动"。对于历史学家来说，问题从来都不是"这个文本是否带有偏见"，而是"文本所带的偏见会对文本的质量产生怎样的影响"[19]。

温伯格比较了一个学生和一位历史学家对霍华德·法斯特 1961 年出版的小说《四月早晨》摘录节选的处理情况。《四月早晨》讲述了一个有关莱克星顿战役的虚构故事。在阅读这段节选时，两人都意识到这是一本小说，并说他们不能以该文本的细节为依据。然而，几分钟后，这位学生似乎已经把来自法斯特小说的信息融入了他对战争场景的理解中。相比之下，历史学家在后来的一份资料中读到了一个观点，即殖民主义者按照"常规秩序"论资排辈。他记得早些时候看到过这一说法，于是去查资料。当他发现该说法来自这本小说的时候，他笑了："哦，是法斯特提到过这个说法！我都忘了！"正如温伯格所解释的那样："历史学家一开始记住了一个细节，但却不记得它的出处。这促使历史学家寻找该细节的来源，当找到作者时，历史学家不再使用该细节。原因是，历史学家知道，无根基的细节是不可靠的，只能以证人亲眼所见的细节为据。"[20]与之形成对比的是，学生虽知道从小说中获得的信息不可靠，但几分钟后就直接拿来使用，而且忘记了其来源。

温伯格得出结论，高中生与历史学家的不同之处不在于他们对美国独立战争认识的多少，而在于他们对什么是历史的理解。对学生来说，教科书所写的就是历史，它们是"事实"，是没有偏见的。对于历史学家来说，历史研究是系统化的活动，用于确定历史观点的有效性，历史研究基于彼此相关的资料确证，而不是基于单一来源的事实。它使用具体证据来支撑观点以了解历史，而不是试图建立一套没有任何偏见的事实。正如温伯格所说："向这些学生传授关于美国独立战争的更多事实，将有助于他们在这项任务上做得更好，这点值得怀疑。因为他们仍然不了解对历史进行解释采用的基本探索（原则），因为他们不能区分不同类型的历史证据，因为他们会在教科书中去寻找有关历史问题的'答案'，即使教科书与原始资料相矛盾。"[21]

认识论

温伯格认为，在学习历史的过程中，学生实际上并没有学会像历史学家那样思考。从"无所不知的教科书"中学得再多，也不能教会学生参照相关资料、根据书写的历史时期来理解历史文本；史实背得再多，也无法让学生学会从报纸文章、党派报告、当代文献以及后来的历史记录中进行筛选，构建起错综复杂的信息网络，以捍卫一个历史观点。换句话说，大多数高中历史课程的认识论与历史研究的认识论不相符。[22]

从这个意义上说，认识论就是哈佛教授大卫·帕金斯所说的"关于论证与解释的知识和技能"[23]。它是一种特殊的构建有效观点的思维方式，一种证明其构建行为合理的方式。认识论告诉你在判断某事是否属实的时候应该使用哪些规则。在这个意义上，不同领域有不同的认识论，数学家的论证方式与历史学家的论证方式不同。[24]

这看起来似乎是一个非常明显的观点，但对思维的讨论常常忽略了主体内部思维方式之间的差异。例如，在关于儿童如何理解世界的研究中，皮亚杰聚焦于跨认知域的认知阶段。其理论旨在描述从主要作为生理体验的思维，到符号思维，到具体概念，最后到抽象思维的发展过程。对于婴儿来说，球是用来或扔或接的东西，婴儿对球的理解是它是实体的、感觉能动的。对于蹒跚学步的幼儿来说，球变成了我们称之为"球"的东西。幼儿的理解是象征性的，但仍然是无操作性的。它只是一个标签。对于学龄前儿童和小学生来说，球是圆的，红色的，也可能是蓝色的，但必须是圆的，否则就不是球了。"球"是一个孩子可以改变或操作的概念，但这些改变仅限于球的具体特性。最后，对于青少年和成年人来说，球是一个遵循牛顿运动定律的物体。它是一个抽象的或者说正式的可操作概念。但皮亚杰的观点是，这些思维模式属于不同成长阶段，在任何情况下、在所有学科中它们都是思维的基础。[25]

公正地说，皮亚杰有关思维阶段的观点与不同学科有不同思维方式的观点是一致的，不同学科的思维方式可能与不同年龄段儿童的思维方式相同。然而，强调不同认识论的独特性这点很重要，因为学科就是这样构建起来的，的确，这也是存在各种不同学科的原因。正如温伯格所说："在我们的教学科目中各个学科都有其独特的逻辑和探究模式。"[26]

认识论在这里也很重要，因为它向我们展示了为何温伯格的研究结果是对学校历史教学的彻底批判。在他的研究中，高中历史学生和历史学家采用的认识论是不同的。他们用不同的标准来判断陈述是否属实或观点是否合理。对温伯格的学生来说，真相存在于不带偏见的文本中。对历史学家来说，是否能获得真相，取决于一个人是否有能力从不同来源的资料中搜集证据以支撑一个历史观点。这些高中历史学生和专业的历史学家采用不同的方法来证明其行为的合理性，因此他们实际研究的学科并不相同。

这又让我们回到了"辩论游戏"。为了在辩论中提出一个合理的观点，辩手必须对历史进行具体阐释。辩手必须就美西战争中发生的事情以及为何事情会如此展开做出解释。评委则根据辩手所陈述论据的清晰度，以及辩手对原始和二手来源的历史证据的使用情况来评估其观点的合理性。尽管辩手们明显想赢得辩论，但是他们所采用的手段更接近温伯格研究中提到的历史学家，而不是诉诸教科书。同样，评委自己也必须提出观点，并用具体证据对观点进行辩护。虽然评委们是在对辩论本身而不是对战争进行评述，使用的也是来自辩论中的论据，但他们使用的认识论是相似的：重要的是提出一种观点，并用具体的证据进行支撑，而不是诉诸权威来证明观点的合理性。

我应该马上指出，"辩论游戏"本身并未在帮助专业史学家建立认识论上做出贡献。这个游戏是课程的一部分，它系统性地强化了这样一个信息，即历史学就是试图通过整理证据并根据证据来判断论点，以此了解过去发生的事情的学科。但是，辩手和评委的行为规则强调了采用具体证据来支撑观点的重要性。通过让学生扮演辩手和评委的角色，这个游戏帮助学生形成了一种更加真实的历史观。

因此，从这个意义上说，认识论是学校教育的核心。从知识和历史的角度来说，数学、科学、历史、语言艺术等，之所以成为传统学科，是因为它们决定了学生的思维方式，而这些思维方式是他们毕业后做任何事情都离不开的。

有关基础学科的理念可以追溯到古希腊。古希腊人把有关世界的知识分成算术、音乐、几何、天文四个部分，以及修辞、语法、逻辑三门学科。现在，细节上可能已经有所改变（例如，逻辑、算术和几何如今都整合在数学课程中），但是认识世界的某些方式是我们做一切事情的基础这个观念没有变化。

我们的学校是基于这样一种理念开设数学、科学、历史/社会研究、英语、艺术、外语等基础文科课程的：无论学生将来做什么，这每种学科的思维方式都是他们不可或缺的。但是，本书所举的例子和温伯格的研究表明，在教孩子们这些基本的认知方式方面，学校课程做得并不到位。

之所以不到位，是因为学校的课程一开始就不是真正为这个目的设计出来的。

游戏里有什么？

"辩论游戏"是一种特殊的游戏，一种角色扮演游戏。在这个游戏中，玩家所扮演的角色要求他们用在这个世界上有意义的方式来思考和行事。要玩"辩论游戏"，你必须接受一种特殊的认识论，它是判断某事或者某人是对的、证明你的行为合理、为某个观点进行解释和争论的一种特殊方法。从这个意义上说，"辩论游戏"是一个认知游戏：它要求你用特定的方式思考世界。

膝盖与脚尖

当然，根据这个定义，"校园"是一款认知游戏。玩家扮演着特定的角色：学生多，教师少，行政管理人员最少。这些角色有或明或暗的扮演规则。尤其是学生角色，他们对在游戏中取胜有所期待。

我们所知道的现代"校园"游戏发明于工业革命期间，实际上与现代"棒球"游戏发明的时间差不多，在同样的历史力量如城市化、工业化、移民和迁徙的作用下，这两款游戏被传播到美国各地，成为人们生活的一部分。

历史学家大卫·泰克描述了现代学校体系的源头——内战爆发前几年。当时，成千上万的美国人从农场和乡村来到城市，在那里，新移民和他们一起成为城市工厂的劳动力。[27]1820年，在美国人口超过2.5万的城市只有不到5个。到1860年，人口超过2.5万的达到35个，其中包括9个人口超过10万的城市。随着贫困人口聚集在人口密集的城市地区，犯罪、卫生环境、骚乱等城市问题逐渐出现。城市化带来的挑战是，如何让新移民融入美国生活，让每个人在工业城市的混乱景象中习惯新的生活方式。

1834年马萨诸塞州发生市民暴动，1855年路易斯维尔发生市民暴动，内战期间纽约的征兵骚乱，以及在随后的几年里，全国各个城市发生的暴力罢工，使得公民领袖确信必须有所作为。然后，跟今天一样，教育被当作解决社会问题的方法。1877年大罢工之后，美国教育部部长认为，这个国家"应该对解决暴乱、流浪汉问题的成本与普及充分的教育的成本进行权衡"。作家兼学校行政管理人员约翰·菲尔布里克认为："我们城市的未来在很大程度上将由教育来塑造。"学校改革家威廉·T. 哈里斯认为："工业社会的存在离不开从小学到大学的免费大众教育体系。"[28]

现有的小型乡村学校体系并不能胜任教育众多城市儿童的任务。1850 年，芝加哥只有 21 位教师在努力教导近 2 000 名学生；该城市还有 11 000 名学龄儿童没有接受任何正规教育。19 世纪后期，哈里斯、霍拉斯·曼恩以及塞缪尔·豪等学校领导人，开始建立我们现在所熟知的现代学校体系。这些改革者创设了标准化考试。考试证明，由自己的监督委员会管理的分散的乡村学校对学生开展的教育并不充分。根据考试数据，他们提出建立全国统一的标准化学校体系。

正是在这一时期——19 世纪中后期，我们今天学校的基本结构成型了：所谓的"蛋箱学校"①，独立的、完全相同的班级教室，每个学生一张课桌；按年龄划分年级，每个班学生年龄相仿；每个学年 9 个月，每周上 5 天课；每节课 45 分钟；设有课程学年及格学分，每科 130 个小时的标准化教学课程。

在建立这一基本框架（泰克及其同事威廉·托宾称之为教育的基本原则）的过程中，19 世纪的学校领导视工厂为教学秩序的典范。[29]正如启蒙运动中的神学家将上帝描述为神圣的钟表匠一样，今天的认知科学家把大脑描述成计算机，而 19 世纪末，工厂是分析和组织活动的主要参考模式。[30]威廉·哈里斯在圣路易斯的学校担任督学时写道："学校的首要条件是秩序：首先必须教导每个学生的行为要符合一般标准……像火车开车时刻、工厂开工时间一样精确……学生必须在规定的时间内准备好功课，铃声一响立刻起立，排好队；简而言之，要以同样的精度完成所有事情。"[31]

学生们被严格地要求一个挨一个站好，静立不动，膝盖并拢，脚尖贴着地板上的划线。毕竟，正如一位热心的老师所问的那样："如果你的膝盖和脚尖出了问题，你怎么能学习好呢？"[32]但是，在工厂模式受到追捧的情况下，这个问题是必要的。正如一位评论家在 19 世纪 60 年代所写的那样："为了成功地管理 100 个孩子，哪怕就 50 个，老师都必须尽可能地让他们的行动整齐划一。"[33]

"校园"游戏

"校园"游戏的规则是有依据的。[34]根据教育的基本原则，学生在学校要上

---

① 译者注：美国芝加哥大学教授洛尔蒂在其教育专业经典之作《学校老师》中首次提到"蛋箱学校"这个概念。"蛋箱学校"是指教师在各自教室内独立完成教学工作，始终没有机会看到其他教师的教学，更没有机会与之探讨问题的一种学校组织管理模式。

如何在世界上为人处事以及如何思考和学习的课程，菲利普·杰克逊等人称之为隐性课程。[35]隐性课程使得数学、历史和科学课看起来很相似，尽管它们有很大的不同。隐性课程使得教科书中关于美西战争的选择题看起来很熟悉，因为我们以前都看到过类似的问题。隐性课程充斥着我们的学校，无论何时何地，只要我们去学校，我们或多或少玩的都是相同的游戏。

然而，当"校园"游戏问世时，这门课程根本不是隐性的。事实上，恰恰相反。在设计时"校园"被有意、明确、公然地植入了一种新的城市纪律，以避免迅速发展的工业城市出现社会冲突。正如泰克所指出的，它是实现工业化的一个手段。这一点很重要，因为"校园"中的隐性课程仍然与我们息息相关。我们往往认为，"校园"的诞生既是必要的，也是必然的。其实并不是这样，它只是一种特殊游戏，在特定的时间和地点被发明，以实现特定的目的。

不足为奇的是，"校园"游戏的认识论与工业革命的认识论并无二致，即通过大规模生产标准化商品创造财富。在"校园"游戏中，学生要像工人一样思考。它是一款有正确和错误答案的认知游戏，学生必须听从指令，不管指令在当时是否合理。真理掌握在老师手中，老师说的就是正确答案。只要行为符合权威要求，就是正确的。在"校园"游戏中，学会某事的意思是能够在特定类型的测试中回答特定类型的问题。[36]

当然，并不是每所学校、每间教室都是这样，而且"校园"隐性课程涉及的内容不仅限于课堂。在"校园"游戏中有体育团队、操场，有许多其他的互动活动，它们让学生在玩耍中形成对世界的认识。但是在"不让一个孩子掉队"的时代（联邦法律将对学校的拨款与学生在高风险标准化考试中的表现挂钩），任何公立学校的孩子都很难得出这样的结论：学习任何科目都不仅仅意味着学会找到由他人确定的正确答案。

更好的游戏

换句话说，我们的儿女其实是在工厂上学。这并不是说他们是在操作重型机械的车间上学，然而从校舍到课程，到作息时间表，几乎"学校"的一切都是根据美国工业社会的要求，为了适应工业社会的生活而精心设计的。

然而，问题在于，工业学校并不太鼓励创新思维。我们生活在全球竞争正把任何依赖标准化技能和知识的工作输出到海外的时代。当只要点击一下鼠标信息就可以传播到海外时，商品和服务的贸易壁垒逐渐消失，工作流向成本较低的区域，全球经济逐步形成。正如商业作家约翰·希利·布朗和保罗·杜吉伊德所指出的，在高收入经济实体中，工作机会将主要集中在"需要解决同时也高度重视分析、阐释和理解问题的领域，意义和知识存在溢价的领域"[37]。在《为生活而思考》一书中，托马斯·达文波特说道："目前还不清楚美国、西欧和日本的工人们将来会以什么为生……但是很明显，如果这些经济体要实现繁荣，许多工人的工作必须是知识尤为密集型的。"[38]如今，美国近三分之一的工作岗位需要复杂的思维技巧，而只有四分之一的员工能胜任这一挑战。[39]在后工业时代的世界，我们需要比工业化的"学校"更好的教育游戏。

更好的教育游戏并不一定需要新技术。"辩论游戏"能帮助玩家以历史学家的方式思考问题，理解复杂的情况，在有争议的问题上形成并维护自己的观点。它是一个寻找创造性问题解决方案的游戏，而不是寻找正确或错误答案的游戏。但是，无论是否需要运用新技术来设计更好的教育游戏，很显然，我们都需要问这样一个问题：我们是否可以用计算机来开发让年轻人可以在全球竞争的数字时代学习取得成功所需要的创新认识论的游戏，让玩家在游戏中学会创造性地思考？

下一章将介绍一款这样的游戏，介绍计算机如何让玩家通过强大的新方式学习。

写给家长、老师和导师的话

我所描述的"辩论游戏"不是预先包装好了的现成游戏，但这确实是老师和导师可以为学生创造的一种游戏。[40]与传统历史课相比，现在市面上有一些电脑游戏可以让玩家用更具现实意义的社会科学认识论来思考问题。《文明》游戏就是个例子。这是一款战略游戏，玩家可以在游戏中建立一个贯穿人类历史的帝国。玩家选择一个目标文明，从石器时代的殖民地开始，他们就要做出战略决策，通过对技术开发进行投资或者开展贸易，通过开展外交或文化交流活动、宗教皈依、发动战争来帮助其文明成长壮大。这款游戏以技术、宗教和艺术发展的精确历史模型为基础，当玩家掌握游戏系统时，他们就可以开始要求进行历史实验。虽然"实验"并不是历史学家的惯常活动，但模拟却是其他社会科学逐渐发展起来的内容之一。许多世界历史教科书，尤其是中学教科书，都讲述了西方进步史、欧洲文明的成长与发展史。相比之下，与贾雷德·戴蒙德在其荣获普利策奖的作品《枪炮、病菌与钢铁》中提出的一样，游戏研究员库尔特·斯夸尔认为，《文明》游戏为玩家提供了用唯物主义决定论来思考历史问题的机会。[41] 从唯物主义决定论角度来看，地理位置、贸易条件以及原材料产量是塑造历史进程的结构性条件。

但是，无论《文明》游戏是不是有关思维方式的游戏的最佳范例，它都不如认识到游戏的认识论这一点重要。

→想要帮助孩子从游戏中学习的家长、老师和导师，不仅需要仔细思考玩家在游戏中做了哪些事情，还需要思考为什么这些事情是合理的。你怎么知道你在游戏中所做的决定是好是坏？你能为你的决定找到哪些依据？如何评判这些依据？是什么使得某些东西是"真的"，你可以用它来指导你在游戏中的选择？

→这些问题不是大多数游戏评论关注的焦点，尽管它们应该成为焦点。要想知道一个游戏能教会你的孩子什么，最佳的方式是自己玩，最好是和你的孩子一起玩。请记住，麦克斯的母亲在帮助麦克斯形成有关恐龙的专业知识岛时发挥了关键作用。帮助孩子或是与孩子一起弄清楚他们需要怎样思考才能玩好游戏，并选择那些在游戏之外的世界中这些思维方式也同样重要的游戏。

→如果你以前没有玩过多少游戏，玩游戏、对游戏涉及的认识论进行思考可能对你来说有难度。冒险是创新思维的一部分，如果你自己不参与，你就无法帮助孩子学会。向你的孩子学习吧，向他们请教你希望他们会问及的有关游戏的问题，让他们通过教你来教会自己。

第二章 知识:《数字动物园》

本章着眼于计算机如何改变思维的含义，从而改变学习的含义。这一章首先介绍了《数字动物园》，它是由威斯康星大学的研究员吉伊娜·斯瓦罗夫斯基开发的一款游戏。[1]在该游戏中，玩家可以当生物力学工程师，设计虚拟生物。在此过程中，他们学习了理工科相关知识。计算机在游戏中发挥了关键作用，它让玩家在与机器的协作中学习基本的物理概念。

在简要概述了玩家在游戏中接触到的科学原理之后，本章聚焦于斯瓦罗夫斯基研究的两组中学生玩家。她通过研究，分析了玩家学到了什么以及他们是怎么学的。该游戏向我们展示在数字时代，电子游戏的虚拟世界如何改变值得我们了解的内容，即值得我们学习的东西。

行　走

柏拉图曾对人下过一个非常著名的定义——没有羽毛的两足动物。对此，犬儒学派的戴奥真尼斯，挥舞着一只被拔光毛的鸡说:"你们看这个人! 看看柏拉图所说的人!"

用两只脚行走——站立，直立行走，直立奔跑，是人类进化过程中关键的一步。站立和直立行走使早期人类更容易用他们的双手使用工具。直立姿势仍然是我们区别于与猿类、黑猩猩和其他灵长类动物的特征之一。几乎所有的人都能学会走路，而且几乎所有人都在两岁前就学会了。

但是走实际上是一个不断调整平衡的复杂过程:身体前倾，然后向一侧倾斜，之后伸出一条腿抓住时机纠正身体的不平衡。倾斜幅度太小或太大，腿移动得太快或太慢，人就会跌倒，趴在地上。跑就更困难了:身体不断前倾，双腿必须精准地交替调整姿势，以防摔倒。从工程师的角度来看，跑步就是小心翼翼地避免摔倒的过程，这个过程做起来容易，解释描述起来难。

索达构造器

如果你想知道需要多少物理和工程学知识才能理解生物是如何行走的,你可以看看"索达构造器"(SodaConstructor),它是一个非常有意思的计算机程序,它可以让所有年龄的孩子做曾经只有计算机科学家和工程师才能做的事情。根据我上次的查证,你可以在 www. sodaplay. com 这个网址上找到这个程序;如果你有时间,不妨去探索一番。与许多计算机工具一样,屏幕上的索达构造器比纸面上的更有趣、更有吸引力。

索达构造器是一个免费的、基于 Java 语言的弹簧质点建模系统。当这样描述它的时候,它听起来就像模拟生长的小草一样有趣。但是,启动这个程序后,你首先看到的是一个小东西——精致的沃克在屏幕上漫步(见插图)。精致的沃克是索达构造器的吉祥物,是一个令人印象深刻的设计。但它仅仅是你能在索达动物园——一个专门用于世界各地的人使用索达构造器制作生物的网站找到的成千上万个游荡、跳跃、滑行、弹跳、欢腾或者闲逛的怪物之一。

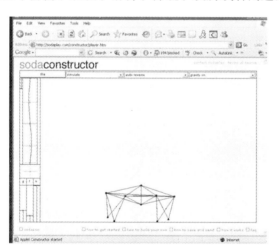

精致的沃克,索达动物园里的一种生物

(图片来自 www. sodaplay. com)

索达动物园中的怪物都是通过将弹簧和质点——小弹簧和虚拟弹珠放入索达构造器,并将一些弹簧与肌肉波相连而制作成的,肌肉波使弹簧有节奏地扩张收缩,如果扩张和收缩协调,小怪物就可以在屏幕上移动。

该程序有两种运行模式:构造模式和模拟模式。构造模式用来固定设计,关闭重力和肌肉波,这样便可以给怪物添加新的弹珠和弹簧。模拟模式使得这些怪物活了起来，显示出它们在重力、摩擦和肌肉的作用下是如何工作的。

当然，经过一次、二次、三次，甚至更多次尝试之后，一个怪物往往仍旧摇摇晃晃，哪儿也去不了。更有可能的是，它在模拟重力的作用下塌成了一堆。要设计一个能真正移动的怪物是很困难的，任何一个动画设计师、机器人科学家，或者生物力学工程师都会这样告诉你。

《数字动物园》

有一句古老的谚语说："如果你想画一幅完美的画，先让自己变完美，然后再画。"所以，如果你想学习做有趣但困难的事，就找到世界上知道怎么做的人，然后像他们一样去做。

如果你想创造一个虚拟生物，那就学着去当一名工程师。在《数字动物园》里，玩家可以扮演生物力学工程师的角色，加入设计团队，使用索达构造器开展一系列工程设计项目，从而构建虚拟物体和生物。

团队可以选择自己的名字，如"神奇工程师"。他们从想为《虫虫特工队》或《怪兽电力公司》等动画电影的续集开发生物原型的客户那里获得设计要求。在此过程中，玩家按照工程设计的角色和规则，像真正的工程师那样学习设计。

与真正的工程设计一样，这些项目是开放式的，没有正确的答案，也不能保证每一个团队都能解决所有问题。团队开发创新解决方案要重复基本的工程步骤：设计、构建和测试问题的替代解决方案。与真正的工程师一样，玩家会根据成本和性能优化设计，并权衡创作的成本和收益；与真正的工程师一样，团队要在设计笔记本中记录设计方案并进行测试；与真正的工程师一样，团队在提出方案并将方案付诸实践时会与顾问见面，并将他们的成果提交给客户审阅。实际上，这款游戏的设计师，吉伊娜·斯瓦罗夫斯基，在当教师和教育游戏设计师之前，是一名工程师，这款游戏是根据她对威斯康星大学培养工程师的方式的详细研究开发出来的。[2]

机械工程

当然，在《数字动物园》的玩家们制作的生物可以行走之前，必须让它们站起来。为了达到这个目的，工程师需要理解许多东西，其中有两个是物理学和工程学的基本概念：质心和交叉支撑。

从技术上讲，质心是物体中所有扭矩之和为零且达到转动平衡的一个点，这是一个抽象概念，物理学家用这个词来描述在各个方向上达到平衡的某个点。规则形状的物体，如建筑物中的横梁、我们在小学时都使用过的乐器三角铁、举重运动员的哑铃，其质心位于物体的中心。举重运动员抓住哑铃的中央将其举起来，这样就不会因为重量不平衡扭伤手腕。你可以通过用绳子悬挂起来的方式，找到一个不规则物体，比如一块黏土、一个锄头或者一个人的质心。实际上，你得让物体从不同位置悬停一段时间，并且每次从系绳子的地方画下线条。因为质心总是位于物体悬挂点的正下方，所以所有线条的交叉点就是质心。当然，这个方法用在黏土块上要比用在人或者锄头上的效果好，但原理是一样的：任何物体都有一个平衡点，这个平衡点就称作质心。

质心是物理学的分支——力学的重要概念之一，力学主要研究物体在空间以及在机械工程领域中的相互作用。它之所以是一个重要概念，是因为几乎所有的力学计算都是以物体的质心为基础。事实上，对于物理学家来说，刚体（保持其形状的物体）是根据它的边缘或边界、总质量以及质心来定义的。

这就是找到物体的质心对于想让物体站起来或是行走的机械工程师来说非常重要的原因。如果物体的质心距离其某一侧太远，它就会翻倒。多远才算太远？只要一个物体的质心在其底座上方，它就可以保持站立，这个底座是指物体与地面（或者任何它依靠着保持平衡的物体）接触的边缘。行走就是让你的质心超出底座的边缘（在你的脚下、双脚之间的区域），然后移动你的脚，在摔倒之前让底座回到质心下方的过程。

然而，这一切都建立在人、挖掘机、建筑物横梁和杠铃是刚体，也就是说，它们或多或少能保持其形状不变的基础上。在机械工程师和结构工程师的世界里，建造能保持其形状的物体的关键就是交叉支撑这一概念。

尽管许多建筑物和其他大型构造都是矩形的，但矩形实际上并不十分稳定。它们不能很好地保持其形状，因为没有什么可以阻止其四角的连接点在构造的重量之下，更不用说在其上面的物体的重量之下扭曲。但是三角形中角的连接点是稳定的。在矩形的对角线上放一根固定撑条——一个交叉支架，这个矩形就被分成了两个三角形，矩形就变得更加稳定。当然，增加更多的交叉支架更有助于物体保持其形状，不过会增加成本和重量。这就是很多要么承受很大重量要么自身很重的桥梁、船坞或仓门，都有 X 形支架连接到主要的柱子、地板或墙壁上的原因。使用两个交叉支架可以保持结构稳定，同时能避免增加太多重量或成本。

换句话说，在索达构造器中做一些可以行走的东西，意味着要使用交叉支架，使它保持稳定和刚性，然后将弹簧连接到肌肉波上，以移动它的质心，这样它就可以在屏幕上走动而不摔倒。

付诸行动

为了弄清楚《数字动物园》的玩家根据这些原则建造稳定的结构和移动的生物时会出现什么情况，斯瓦罗夫斯基与几组中学生一起对这个游戏进行了测试。12 名来自当地学校的志愿者在该学年的一个周末玩大约 10 个小时的游戏，另一组 13 名学生（这一组全是女孩）则在夏天的 3 个星期里，每天早晨玩 3 个小时，总共花费将近 45 个小时来玩游戏。夏季这组学生来自威斯康星大学的 PEOPLE 协会，该协会是为"具有较强学术潜力的非裔学生、美国印第安裔学生、亚裔学生（主要是东南亚裔学生）、墨西哥裔学生、波多黎各裔学生、拉美裔学生以及贫困学生"成立的，优先考虑有资格参与免费午餐和优惠午餐项目的学生，旨在提高低收入学生的大学入学率和毕业率。[3] 换句话说，斯瓦罗夫斯基测试的志愿者包括来自当地学校、以前就对该游戏感兴趣的学生，以及参与了为高风险青少年成立的大型项目的学生。

斯瓦罗夫斯基在游戏前后分别采访了玩家，并用录音带和录像带记录了他们玩游戏的过程。在采访中，她问了一些关于物理学和工程学的问题。她询问玩家是否决定玩这个游戏、为什么决定玩这个游戏，并在游戏结束后询问了他们对游戏的看法。因此，斯瓦罗夫斯基的研究为我们提供了一份完整的记录，记录了玩家在游戏中的感受，以及他们从这段经历中学到了什么。这项研究使得我们可以将该游戏作为一个阶标，作为教育游戏地图上我们清楚了解了的一个点。

你可以建造任何东西！

我们首先来看看里克和卡尔，他们是斯瓦罗夫斯基研究中的两个周末玩家。游戏开始后不久，里克和卡尔第一次使用了索达构造器。他们打开了一个设计窗口，开始迅速地在屏幕上放置东西。

"哇，可以建造任何东西！太酷了！"卡尔大叫道。

但是当设计完成，他打算进入模拟模式时，这个结构垮塌了。这是两个男孩儿设计过程中的众多失误中的第一个，但它对于两位玩家来说是一个令人兴奋而不是沮丧的过程。他们把注意力集中在制造他们认为很有趣的东西上，而不是他们是否能在测试中找到问题的正确答案。

在花了一些时间弄清楚如何使设计的结构站起来之后，卡尔和里克开始着手他们团队的第一个项目——建造一个多层结构，通过将几个相同的形状叠加在一起来造一座塔。他们的第一个设计看起来不错，但他们一建造完，塔就塌了下来。

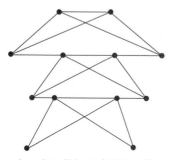 

里克和卡尔最初建造的多层塔　　　　模拟重力测试之后的多层塔

（图片制作于 www.sodaplay.com）

里克和卡尔重新加载了之前保存的设计，然后像真正的工程师一样，反复重新设计并对结构进行测试。

里克：这很酷……我想一直做这个……做这个我能做一整天！

卡尔：这真是太好了。准备模拟的时候告诉我一声。

里克：好的。

卡尔：噢，那是不行的。

里克：它可能行不通，因为我把顶部的三角形做得太大了。

卡尔：模拟一下。

里克：我得先保存下来。

卡尔：（大声地）模拟了！

里克：哇！成功了！

以上文字并不能体现出他们在解决这个难题时声音中饱含的热情。像工程师一样设计和测试结构让他们感到兴奋，并且他们与计算机的反复互动也逐渐将这种兴奋之情与对工程学和物理学的理解联系起来。

第二个设计并没有像第一个那样彻底垮塌，上层的结构被设计得更小，但是里克想要让结构垮塌的可能性降到最低，所以他在结构的顶部和侧面增加了额外的支架。他建造了更多的三角形，通过将上下层连接起来对每一层的松散位置进行支撑。当进入模拟模式时，结构没有移动，不但是刚性的，而且比较稳定。

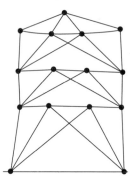

加上交叉支撑后，里克和卡尔最后建造的多层结构是稳定的

（图片制作于 www. sodaplay.com）

后来，里克和卡尔开始做一个"倾斜"项目——一个稳定的悬臂，这种装置从底座向外延伸，类似街灯、跳水板或起重机。他们加载了一个已经开始设计但只完成了一半的结构，试图将悬臂与这个结构上的两个最低点连接起来，以构建它的底座。他们的第一次尝试再次失败：

卡尔：这不行。

里克：试试吧。

卡尔：（停顿）好吧，我试试看。哦，等一下，我先把它保存起来。我还是觉得这样不行。我们试一试吧。

卡尔：嗯……噢，我知道了！我应该……拓宽底座！

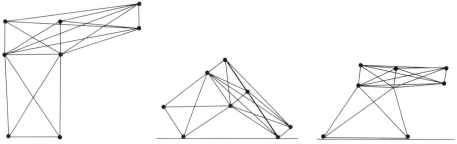

里克和卡尔在"倾斜"项目中的第一个设计在模拟过程中垮塌了；

他们的最终设计（右）站立着，因为它的质心在底座之上

（图片制作于 www. sodaplay.com）

里克和卡尔做了一系列的设计尝试，从狭窄的底座到宽度足以防止倾倒的底座，这个过程由一系列实验组成，每个实验本身都相当不起眼。然而，随着

时间的推移，这些简短的实验逐渐帮助他们了解了如何使用交叉支架来保持结构的刚性，以及如何通过控制其质心相对于底座的位置来平衡刚性结构。

比　赛

游戏结束前，里克和卡尔进行了最后一个项目设计，他们要参与一个建造跨度最大、底座最窄的悬臂的竞赛。

一开始，他们试图让细长柱子上的长梁保持平衡，梁和柱子自身是稳固的（注意它们中间有保持结构的刚性的交叉支架）。但是当他们进行模拟的时候，悬臂倒了。

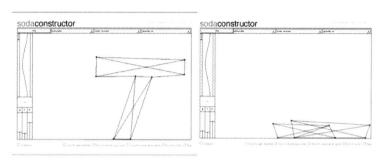

里克和卡尔"悬臂"项目的初始设计（左）和他们第一次模拟测试的结果（右）

（图片制作于 www.sodaplay.com）

里克说："我认为它之所以会垮下来，是因为我在设计时，它的质心偏向了一边……是的，现在更远了，所以我觉得可能是这样。"

他们回到以前站得起来但是下垂得比较厉害的设计，增加了更多的支架，并且在悬臂的后半部分（左边）放置了一些重物来平衡结构。他们在保存并测试了 19 个不同的版本之后，设计出了赢得比赛的结构，这个结构的跨度是底座宽度的 6 倍。

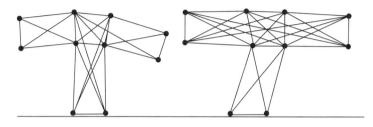

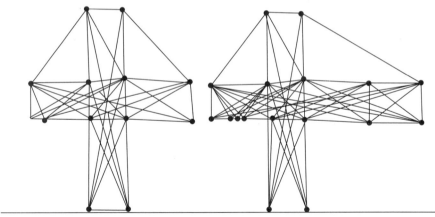

里克和卡尔"悬臂"项目 19 个设计中的 4 个

（图片制作于 www. sodaplay. com）

与里克和卡尔之前在游戏中的情况一样，他们为完成这个关卡的项目而做的 19 次实验，每一次都体现出他们设计上的小小进步。每次实验都反映出他们对潜在问题的理解的些微变化。但是随着时间的推移，经过各个关卡的游戏，通过各个关卡的设计和测试，与索达构造器的互动使得他们对物理学和工程学的基本概念有了更加深刻的理解。

基于这些实验，斯瓦罗夫斯基提出，与计算机的反复互动促进了里克和卡尔的理解，就像与母亲的短暂互动帮助麦克斯理解了生理和进化知识一样。[4]

工程师会怎么做？

当夏季玩家进入游戏的更高级阶段时，很明显，他们建立的专业知识岛涵盖的知识已经超出了玩家与计算机的交互内容。

夏季小组那些玩游戏的时间更长、游戏级别更高的女孩，与里克和卡尔一样，都经历了相同的初始阶段。[5]在更高级别的游戏中，她们从建造能够站立且保持平衡的结构转变为设计能够移动的物体。例如，一位玩家一开始设计了一个机器人形状的人物（请注意她用来帮助其保持形状的交叉支架）。她在设计笔记本上做了记录，说她觉得这个机器人"真让人搞不懂"。

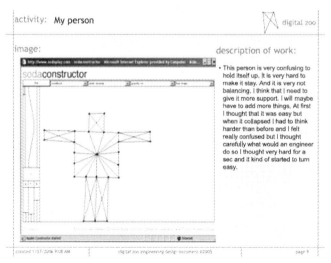

《数字动物园》里一位玩家的设计笔记本中的一页

（图片制作于 www.sodaplay.com）

"很难让它保持形状，"她写道，"一开始我觉得这很简单，但当它垮塌的时候，我不得不比以前更努力地思考，我感到很困惑，但我仔细思考了工程师会怎么做，我努力想了一会儿，然后就开始变得容易了。"

在《数字动物园》里，玩家通过为客户设计产品，从游戏的一个关卡升级到另一个关卡。他们构建刚性形状并让它们动起来，制作出具有不同功能和表现力的物体。但是每进入一个关卡，客户的需求就更为复杂。为了满足这些需求，玩家需要做的不仅仅是简单地与计算机互动，他们必须用工程师的思维方式来思考，以学会做工程师所做的工作。

我们来看看这位玩家，旺达，是如何设计她的第一个行走的生物的。旺达像工程师一样把工作记录在设计笔记本上，她的文字清楚地记载了她研究如何使用交叉支架时所做的测试，她将其称之为"实验"：

　　胳膊和腿都不能动，因为它们的关节在不断垮塌。我做了一个实验，把后面的腿换成两个大 X 形，而没有使用前臂那样的两个小 X 形。现在，后腿动得很好了，而且非常结实。

　　我做了一个梯形。在中间放置了 X 形的支架，然后我添加了 4 个里面有大 X 形支架的矩形。接下来我加上了一个头，在这张图中它没有支架，但是在我后面设计的结构中，它是用 X 形支架来支撑的。

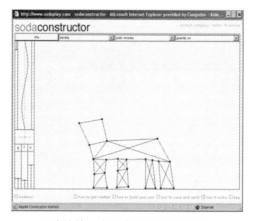

旺达的第一个行走生物的早期设计

（图片制作于 www.sodaplay.com）

　　游戏的最后一关是为一部动画电影设计一个生物原型。克丽丝是玩家之一，她决定设计一个"快乐的芭蕾舞女演员"蝴蝶林赛——海姆利希的妹妹，电影《虫虫危机》中的人物之一。像工程师那样，克丽丝从构思草图开始。为了构建起人物的原型，她开始在索达构造器中制作它的轮廓。为了让蝴蝶保持刚性，她增加了交叉支架。"我得在翅膀上加弹簧，"她在设计笔记本上写道，"这样它们才能不掉下来。"然后她又加上了腿，"但是，"她写道，"它无法保持平衡，所以不能行走。"

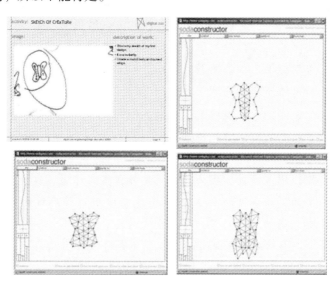

克丽丝的第一个蝴蝶设计

（图片制作于 www.sodaplay.com）

在第二次尝试像真正的工程师那样设计蝴蝶时,《数字动物园》的玩家们制作了几种设计方案并对其进行了评估。克丽丝用三角形翅膀取代了圆形翅膀。这样做的好处是仅用少量支架就可以保持翅膀的稳定,从而减轻重量并降低初始成本。[6]为了让蝴蝶立起来,她增加了两条腿,然后用支架撑起翅膀。之后,她又加了两条腿,以帮助蝴蝶保持平衡,并将腿连接到肌肉波上使蝴蝶能够行走。

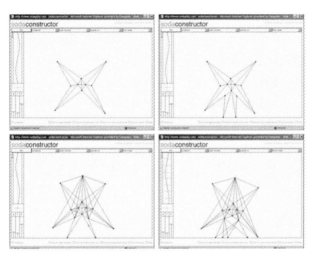

克丽丝的第二个蝴蝶设计

(图片制作于 www.sodaplay.com)

然后,克丽丝像工程师一样对几种不同的设计方案进行了评估,并为客户准备了一份最终的设计文档,其中包括详细的设计参数和人物的草图简介。

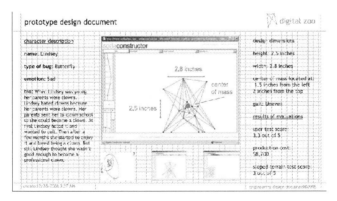

这张海报来自克丽丝的最终设计,展示了蝴蝶林赛这一角色的设计参数

(图片制作于 www.sodaplay.com)

玩家可以做什么？

不难看出，《数字动物园》里的这些玩家能够设计出立起来的建筑物以及能行走的生物，而且完成设计的过程比较复杂。也不难看出，当他们学会设计这些建筑物和生物时，他们开始理解了让他们能够控制设计过程的概念，例如质心和交叉支撑。他们建造的东西不是偶然的成果。斯瓦罗夫斯基研究中的玩家正在掌握知识，利用这些知识，他们为复杂的设计问题提出了创造性的解决方案。

但是这些知识在游戏之外又有什么用呢？毕竟，虽然学习在索达构造器中设计虚拟生物很有趣，但学习设计本身没那么重要。斯瓦罗夫斯基在游戏前后对玩家进行了采访，夏季玩家是秋天的时候，在她们结束游戏并回到学校待了几个月之后接受的采访。采访发现，游戏对她们造成的影响远不止学会如何在程序中进行设计那么简单。

例如，玩家学会了定义质心，并且可以用这个术语来描述物体和物理情况。在开始游戏前，当要求她们给出质心的定义，一个玩家说：

也许是引力最强的地方？

游戏过后，这个玩家说：

质心不一定在中间，它是将重量均匀分配的点。重量分布在两边……质心就是在周围各部分重量都相等的地方。类似于你把物体放在手指上保持平衡而物体不会掉下来的地方。在那个位置周围的重量都基本相等，并且你可以保持平衡……它不一定在中间，它可能在一侧。我猜，这取决于物体的样子。它的形状……哪里更重。

斯瓦罗夫斯基还在游戏前后让玩家做了一些物理教科书上的题。她发现，玩家们在游戏后使用科学知识对现象进行合理解释的平均次数是以前的5倍。

例如，一个题目是：

一个人用双手倒立，用双脚在半空中保持平衡。然后他把右手从地板上抬起来，只用左手倒立。若是他想要避免跌倒，他该如何移动身体呢？

在玩游戏之前,一个玩家回答道:

> 我不知道该说什么。他只是抬起他的手,也许会斜靠在……我不知道为什么,这只是我所想的——他会向一侧跌倒。

游戏结束后,这个玩家答道:

> 他必须向左边移动,以确保他的质心在他左边手臂和手掌的上方,在一条线上。如果他不对姿势做任何调整,他就会摔倒,因为质心还在老位置。我觉得他会摔倒的。我认为他必须通过向左移动来平衡(他的体重)。

换句话说,通过这个游戏,玩家们理解了他们在学校物理课上观察到的现象。但更重要的是,他们能够利用从《数字动物园》里掌握的知识来思考其他各种各样的问题。玩家们说,他们明白了为什么建筑工地上的起重机不会倒下来,说当他们在狂欢节上乘坐游乐设施时,他们会想到这款游戏。

采访中,斯瓦罗夫斯基要求玩家观察有腿的物体,包括真实的物体以及电脑屏幕上的物体,并分析它们如何移动。游戏结束后,一名玩家说:

> 我喜欢思考他们走路的方式。就像你必须把东西放在特定的位置,比如走路时的动作循环,像步态的循环和姿态的循环……必须这样,否则……不管是两条还是四条腿,都会交叉在一起,然后跌倒。

在参加了完整版游戏的夏季玩家中,86%的人说他们对科学与工程学有了不同的认识。一名玩家说:

> 我以前认为科学就像是把东西放大,做实验,而现在我认为科学就是你必须做精确的测量,然后必须以正确的方式来建造东西,否则它就会在你面前垮塌。

游戏结束后,一名玩家拆了一部手机,试图用它来做一个视频游戏控制器。虽然这个控制器没有起作用,但他讲述了这段经历:

> 现在我会思考事物是怎么运作的。比如现在，我会想："我想拆开这个，或者拆开那个。"比如收音机或是其他什么东西。现在我真的这么做了，我不只是想一想而已了。我想："我能拆开这个吗？"然后我就把它拆开，看看里面的东西，再试着把它重新组装起来。

斯瓦罗夫斯基要求玩家们制作流程图，展示如何用牙签和棉花糖设计一座塔，以此来测试他们的工程设计能力。在玩过游戏之后，玩家们的设计方案的复杂程度平均增加了55%。采访中，她要求玩家从各种备选方案中为芝加哥交通局的新巴士挑选座位，备选方案的内容类似于你在网上购买电子产品或其他商品时所看到的产品对比。平均而言，在玩游戏后，玩家在做出决定时，会比游戏之前多考虑47%的功能。

在游戏结束后，参与斯瓦罗夫斯基研究的许多玩家都说，他们正在考虑把工程学当作职业。超过40%的夏季小组成员把他们最终向客户展示的海报挂在家中的墙上。许多玩家说，玩过这个游戏之后，他们觉得自己变聪明了。其他玩家则表示，记录设计笔记并向客户展示，让他们在学校里更加自信了。还有一些玩家说，他们在学校的数学、科学和艺术课上也用到了游戏里的知识。与下面这位玩家一样，很多人在游戏结束后认为工程学是一个重要的领域：

> 工程师就像是科学家，他们喜欢发现许许多多我们不知道的东西，他们促进了技术和医学等的进步，因此他们的地位举足轻重。

或者，就像这位玩家一样认为工程学是一个多样化而又有趣的职业：

> 我发现很多人都在做工程工作，不仅仅是男人。大家像是有一个刻板印象：只有男人才能做（工程）。但我看到很多女孩，很多人都能做。

换句话说，这些从《数字动物园》中出来的玩家理解了物理和工程设计中的重要概念。然而，令人印象更为深刻的是，他们能够利用这些想法，以创造性的、富有洞察力的、激励人心的方式来思考周围的世界。

在我们去了解我们可以从《数字动物园》中吸取的更多关于游戏与学习的经验之前，请注意斯瓦罗夫斯基研究中的玩家在物理和工程方面已经建立起了专业知识岛。他们在游戏中掌握了在学校里很重要，而且可能会对他们以后的职业生涯有帮助的知识。这款游戏让他们对科学技术更感兴趣,更愿意考虑从事技术领域的工作。换句话说,这款扮演工程师的游戏对玩家的引导与麦克斯的母亲在博物馆里对麦克斯的引导一样,它让玩家走上了获得技术专长和创新思维的道路。

但是,与了解玩家能从《数字动物园》学到这些知识相比,更重要的是明白这款游戏是怎样以及为什么使得学习成为可能。

数字思维

了解玩家是如何从《数字动物园》里学习的,让我们得以一窥在数字时代学习可以以及应该是怎样的。在制作能站立、行走甚至跳舞的生物的过程中,玩家学会了使用专门的语言——物理和工程学的术语和概念。他们使用了像"质心"和"步态循环"这样的概念,而这些概念是他们玩游戏之前不知道的。事实上,这些概念要到高中物理课程中才会出现,除非他们立志本科读工程专业,否则很可能不会接触到。《数字动物园》里的玩家由此形成了一种重要的概念和语言,而它们是创新的一种重要形式。即使将来他们没有成为物理学家或工程师,这些知识也能帮助他们迈入业务分析师所称的"跨部门团队"。在跨部门团队中,一群具有不同背景和技能的人共同协作,为需要使用多种互为补充的专业知识才能解决的复杂问题开发创新的解决方案。[7]

有些人可能会说,熟悉技术术语并不特别重要,也不令人钦佩。使用一堆行话,说些矫揉造作、复杂而又过于专业化的词语,并不意味着你很聪明。例如,游戏和媒体学者马克·普伦斯基就认为,"把一套令人困惑的术语挂在……常识性的事物周围"[8]实际上适得其反。仅仅知道术语并不会让你走得很远。

当然,这也是学校考试存在的问题之一。学校考试主要考的就是术语,主要测试学生用一组词语替换另一组词语的能力,例如物理知识考试让学生在选择题中选出"力"这个词的正确含义。这就是有如此多的研究表明,即使在学校考试中表现良好,学生也无法将知识用于解决现实世界的问题的原因。例如,一项经典研究表明,物理考试及格并且可以在纸上写出牛顿运动定律的学生,仍然无法回答非常简单的,像"如果你把硬币抛向空中,有多少力会作用在其轨迹的顶端?"这样的问题。当然,这是一个可以用牛顿定律来解决的问题。[9]

然而,在《数字动物园》里,玩家们不仅仅学习了有关旧观念的新词汇,他们也不是因为自己的缘故在学习这些新术语。任何职业，任何专业领域，任何做世界上重要事情的人都有自己的专业语言。这些术语使用方式独特，在我们所从事的工作中有特定的含义。

玩家在《数字动物园》里掌握的专业词汇是知识，而不仅仅是术语，因为它们不是一套不相关的术语或孤立的事实。就其本身而言，质心、交叉支撑和步态周期的概念（和术语）都是无用的。但在《数字动物园》里，玩家们不会把它们当作无关的或孤立的概念。他们学习这些术语是为了能够分析和解决问题。学习这些专门术语是他们像工程师一样思考和做事的方式之一。

用一种不同的技术语言，即研究学习的专业人士的技术语言来说，在《数字动物园》里掌握的概念会一直伴随着玩家，因为他们所掌握的知识与一种特定的认识论联系在一起。游戏中的玩家要尝试做工程师的工作，并以工程师的眼光来观察世界，就需要认识科学技术的基本和复杂的方方面面，比如质心和交叉支撑等。

人类学家查尔斯·古德温称这一过程为专业视野的形成过程。以专业人士的眼光来看世界需要使用特定的词汇。[10]专业人士的知识至少具有两种功能。第一个功能是对世界进行编码，为讨论困难和问题、寻找解决方案提供标签。第二个功能与第一个同样重要，即用标签突出一些重要的事情，而非其他，通过判断该情况下什么重要并将不重要的排除在考虑之外来构建问题。这一过程类似于麦克斯的母亲吸引他注意博物馆里的化石特征时所做的工作。然而，在《数字动物园》里，玩家掌握的知识属于特定专业视野，而不属于非正式的专业知识岛。

玩家从《数字动物园》中获得的专业知识，其用途不仅限于游戏本身，他们所学到的概念会在学校课堂里再次出现。使用专门语言即专业领域的技术语言的能力是判断孩子在学校成绩优异的重要指标之一。

传统的学术素养涵盖了解码能力（即将声音与文字相匹配的能力）和词汇量两个部分。两者都是成绩优异的关键。一个孩子如果在一年级时没有学会解码，那么他在八年级的时候有 80% 的可能会在学业上落后。然而，判断孩子是否能从一年级开始就成绩优异的关键指标就是孩子在学前掌握的词汇量，不是日常用语，而是对与学校要学的学科知识，如数学和科学相关的"学术语言"的准备情况。全球化使技术的掌握成为未来成功的关键，学习复杂学术语言成为一个空前紧迫的任务。中学时不能很好地阅读学术语言的孩子，在学校、工作场所和以后的生活中都将面临艰巨的挑战。[11]

换句话说，知识很重要，但如果知识只是一张需要学习的单词表，只是

E. D. 赫希的"每个美国人都需要知道的"[12]清单，或是在众多学校课堂上已经过多的词汇测试，那么它就不是那么重要了。当孩子们学习重要概念及与其相关的词汇，用以解决对他们及对他们周围世界有意义的问题时，这些词汇就从空洞的行话变成了对未来学习的坚实准备。要以创新专业人员的眼光来看世界，技术语言就非常重要。事实上，技术语言之所以重要，是因为它是用专业人员的眼光看待世界所不可或缺的。

知识和认识论相辅相成。

如果知识与认识论确实并行不悖，"认识"的意义也是随着时间而变化的，因为思考的意义随着时间而变化。在《现代思想的起源》一书中，梅林·唐纳德从解剖学角度研究了人类进化的证据，认为人类的智力发展经历了几个阶段。[13]

对与我们进化关系最近的猿、黑猩猩和其他灵长类动物来说，"认识"意味着记住。猿能记住社交活动的细节，甚至能回忆起这些细节。猿可能会记住身材更高大的雄性是占统治地位的，因为它能回忆起占统治地位的雄性在战斗中获胜的情景。但猿不会给事件贴上标签，不会给事件赋予意义，也不会从事件中得出结论。它们只是简单地将图像存储起来以备日后回忆。唐纳德认为，即便是学过基本手语的猿也只是把这些手语当作条件反射来储存和使用，就像记住占统治地位的雄性赢得一场战斗一样。猿记得上次它在某种情况下做了一个手势，手势带来了快乐或痛苦，于是它会重复这个手势或是不再做这个手势。

唐纳德认为，当我们的祖先进化出用手势或做模仿动作来表达事情的能力时，人类的思维就开始了。例如，孩子们很快就明白了，当有人用手指指着饼干时，他们并不是让你看他们的手指，而是让你看饼干。[14]视线跟随某人的手指意味着理解手指试图指出一些有趣的事情。手势是一种交流方式，理解手势需要意识到手势表示的事情重要，而不是手势本身重要。当孩子在受到责备后责骂玩偶时，她是在对责骂的场景进行重演或再现，并在这个过程中与自己和他人交流。

唐纳德认为，这种表达事件的能力并不需要我们今天所使用的语言。猿的脖子和喉咙需要改变结构才能说话，这是相当戏剧化的，实际上也是危险的。人类的喉部位于咽喉低处，这使得我们可以发出各种各样的声音，但同时也意味着我们比任何其他动物都更容易窒息。我们的喉咙是为了发出声音而不是为了安全进食而设计的，而且如果没有某些已经建立的使用象征符号进行交流的进化优势，这些变化就不可能发生。

符号是用来代表一种不一定与其有共同之处的事物的东西。因此，"球"这个字是代表真正的球的符号，即使这个字不是圆的，不会反弹等等，我可以也用"球"这个字而不是球本身来描述发生在球上的事情。唐纳德认为，最早的符号，即最早的表示其他事物的标准化的、固定的代码，是标准化或仪式化的手势。比如，在美国的许多地方，举起拇指表示"一切安好"，在耳朵上旋转手指表示某人疯了。

词语演变成了表达和交流复杂思想的极为有效的符号。在大多数情况下，用语言比用手势更容易，我们可以用语言更快速、准确地表达思想。[15]交流更复杂思想的能力最终使得组织更复杂的社会、种植农作物和饲养牲畜、生产更多的粮食，从而供养更大的定居点成为可能。[16]

唐纳德认为，我们的现代社会建立在把想法用文字记录下来的能力，即创造书面符号并根据我们所记录的内容创建科学理论的基础之上。在复杂的农业社会中，管理成千上万的人的活动意味着要记录商业信息，比如谁欠谁什么。商业记录的需要推动了外部符号系统，尤其是计算货物和记录债务的数学符号的创建。人们用图片来表示正在交易的商品以及其他一些需要记录的想法，这些图画文字逐渐转变成字母（如希腊和罗马字母以及印度的梵文字母）和象形文字（如汉字）。一旦能将思想写下来，就可以系统地研究它们，而从这种系统化的研究中，科学理论诞生了。[17]

科学革命是建立在对数据进行仔细收集和分析的基础上的，而并非偶然发生的。第谷·布拉赫是丹麦的天文学家，他花了一生的时间来测量和记录行星在天空中的精确位置。1601 年他去世后，他的助手约翰尼斯·开普勒在布拉赫研究的基础上提出了行星运动定律，开普勒定律反过来又成了艾萨克·牛顿提出引力理论的基础。[18]

现代医学史同样始于 16 世纪对人类尸体的系统解剖。维萨里和他的追随者，欧斯塔奇、法罗皮奥和德·格雷夫用印刷图册记录了解剖情况，欧氏管（咽鼓管）、法罗皮奥管（输卵管）和格雷夫氏卵泡（囊状卵泡）就是用这三位追随者的名字来命名的。这项关于人体结构的研究导致了 1628 年威廉·哈维的循环理论的问世。接下来两个世纪内，医学的发展成果有《心论》（1669）、《动物运动》（1681）、《发烧》（1750）、《肌肉运动中的电能》（1792）以及《病理解剖学》（1793）等关于人体研究的论著。今天，医学依赖于印刷文字。自 1950 年以来，PubMed 的生命科学文献数据库已经收录了超过 1 600 万篇论文。[19]

医学的发展依赖于存储和传播信息的外部记录，对于科学、工程、资本主义、乡土文学以及现代社会的文化、社会、经济和技术来说，情况也是如此。因此，学校教育主要是学习获取文化记录的方法，即阅读、写作、使用数学符号。[20]

当然，文字和数学是符号不会自行改变的静态表征系统。它们只是在那里，直到有人来擦除它们、修改它们、对它们进行重新组合，或是使用它们。现代文化是一种合作关系，在这种合作中，生物大脑通过评估和转换储存在书本和其他记录中的信息来做出决定。

换句话说，记忆曾经是我们记录重要信息的唯一方法，而现在我们不必倚靠自己来记录事情，因为我们可以把它写下来。我们可以记录符号信息（单词和数字）以供日后参考或传递给他人。但是我们仍然需要记住很多东西，因为尽管在过去的两千年里，人类所开发的用于存储符号信息的工具非常强大，但我们尚未开发出能真正转换符号的工具。印刷品上的文字是静止的，必须有人去阅读、解释、使用它们。要用书面文字做任何事情，首先你必须对你在做的事情有充分的认识，到目前为止，情况就是这样。

如果手势是对世界的共同表征，文字是符号表征，也就是说，它们将特定的抽象符号与特定的思想联系起来，那么文字让我们做的就是存储这些符号。它让我们永久地将符号记录下来，以便与他人共享。一旦将信息写下来，我们将来就能对它进行思考并创建理论，就像牛顿和哈维研究数百年来欧洲收集的数据，建立关于重力和血液循环的理论，改变我们认识世界和认识我们自己的方式一样。同样的，工程师在设计建筑物时，会使用含有大量关于横梁和材料的设计规格信息的参考资料和规范手册。本书的观点以 20 世纪教育学者的研究为基础，而网络游戏的常见问题解答、指南以及作弊代码，可以帮助玩家探索游戏世界更先进、更复杂的功能。[21]

计算机之所以如此特殊，如此具有变革性，是因为它使得外部处理信息如将写作任务"卸载"或将"存储任务"外包成为可能。当我列出清单时，只要我记得清单所在位置，我就不必担心忘掉。清单帮我记录了详细信息，这非常好，因为清单比我更善于记录事情。

相比之下，计算所做的是将思考和行动外包出去。在我写这一页的时候，上一段的"outsources"（外包）这个词下面有一条红色的波浪线。具有讽刺意味的是，Microsoft Word 似乎并不认为"outsources"这个英文单词拼写正确。它不在微软拼写检查器的字典中，所以电脑告诉我这个词拼错了，并问我是否要纠正这个错误。然而许多常见的错误它甚至都不需要提示我就可以修改。例如，在上一个句子中，我忘记在"mistakes"（错误）这个单词中输入"e"，程序自动用拼写正确的"mistakes"替换了我输入的"mistaks"。

虽然这可能是文字处理程序的普遍特征，但它实际上很重要。我拼写很糟糕，但我不需要自己去纠正这些简单的错误，因为我可以依靠计算机来纠正。这并不意味着机器能写出一首莎士比亚的十四行诗，但这确实意味着它能够完成一项过去没有计算机时我不得不自己做或是花钱请编辑帮我做的工作。

显然还有很多其他的例子。在工业社会，计算机操纵的机器人将工厂工人取而代之是常见的事。计算机既能自动驾驶飞机，也能按照飞行情况，根据飞行员的指令，对襟翼、发动机和方向舵做特定调整。计算机能通过控制燃料的混合比例和传动比来帮助我们驾驶汽车，豪华车型的计算机甚至能根据我们当前的位置为我们指引方向。计算机能在互联网上搜索信息，代表我们竞标商品。计算机可以利用X光（如CT扫描）生成解剖模型，进行统计分析，测试复杂的数学模型，而这是人类仅靠自己做不到的。

只要我们能撰写出一套明确的规则，计算机几乎可以执行任何任务。它不仅会记，而且会做。也就是说，计算机使得创造具有特定思维（可以用有限状态算法表示的思维）形式的人工智能成为可能，而且允许它独立运行而不需要依靠人。计算机使得动态地模拟和再现我们认识世界的方式成为可能。

正如已故的吉姆·卡普特和我所指出的，如果书面符号导致了基于外部符号存储的理论文化的产生，那么计算机正在以符号处理的外部化为基础创建数字或虚拟文化。[22]在人类的进化过程中，这种变革已经发生了三四次，而这一次变革的程度与印刷术以及文字、语言本身造成的变革程度相当。这意味着在数字时代，"有文化"不是会读、会写，而是会通过模拟来解决问题。在数字时代，学习计算机能帮你做的事情不重要，重要的是学习如何使用计算机来做你或它都无法单独完成的事情。

数字教育

你可能知道16的平方根是4，但是你能用笔和纸计算出17的平方根吗？事实上，有一种人工计算平方根的方法，计算任意数字平方根的一系列步骤。它很像长除法，只不过更难，但你很可能从没看到过这种方法，更不用说在学校里学过。尽管这一计算方法曾经出现在美国某些数学教科书中，而且世界其他一些地方的教科书中仍然有所涉及，然而很长一段时间以来，它都没有出现在美国的大多数数学教科书里。事实上，我是在尼泊尔教书时第一次在教材中看到这个计算方法的。

美国教科书删除求平方根的算法的原因是，从 19 世纪末开始，计算尺得到了广泛的使用。在求平方根（以及其他很多计算）方面，计算尺比手动计算方便得多。但是，为了使用计算尺，你必须认识对数，并且知道如何读取对数表。如果你和我一样大，那么很有可能你在学生时代的高中三角函数课上学习过阅读对数表。读取对数表的关键技巧是插入值，计算出表中条目之间的数字。你还需要知道如何插入值以读取正余弦值表，这就是求平方根的技巧通常在三角函数课上教的原因。

如今，大多数学生不会在数学课堂上花太多时间学插值。为什么？因为袖珍计算器随处可见，99 美分就能买到比计算尺更快更准确地计算平方根的太阳能袖珍计算器，实际上它还能做所有其他计算尺能做的事情，而且更快更好。以前学生必须学会的手动计算方法，现在计算机都可以计算。

有些人，比如认知科学家加弗瑞尔·萨洛蒙认为，我们仍然应该学习如何用人工的方式做事，因为只有这样，我们才能获得真正的理解。[23]但是这里有个问题，只要是能用形式规范的算法来表示的事情，计算机就可以做。也就是说，只要是标准化的事情，计算机都可以做。因此，学习计算机能做的事就意味着学习的是标准化的技能。在全球竞争时代，只有无法标准化的工作才会有高薪。创新思维是重中之重，数字时代的教育不应该是学习如何去做计算机能做的事情。若我们作为一个国家要生存下去，开展教育意味着要让学生学会使用计算机来做个人或机器都不能独立完成的事情。[24]

模 拟

学习使用计算机意味着学习进行模拟，因为每一个计算机程序都是一种模拟——它用代码和内存来反映世界，不管是真实还是想象的世界。计算机程序用比特告诉我们虚拟所基于的真实或想象世界的情况。每一个计算机程序创造的都是一个世界，一个西摩·派珀特和其他人所称的微观世界。[25]

微观世界是一个你可以探索的小宇宙，就像我们的肉体所居住的宇宙一样，它会对我们的所作所为做出不同反应。它是交互式的，当我们做一件事时，模拟程序会做出反应，之后我们对它的反应做出反应，然后它再做出反应，以此类推。

数十年的研究表明，模拟是认识复杂问题的好办法。这数十年的研究导致了一个重要概念——自我表达能力的诞生。用户带着一套关于模拟世界是如何运作的信念（通常是隐含的信念）来到微观世界。他们在微观世界中的行为所得到的回应取决于他们基于自己隐含的假设做出的选择。因此，在微观世界中活动有助于让这些假设浮出水面并对其提出质疑，最终帮助我们完善对事物的认识。数学研究人员理查德·诺斯和西莉亚·霍勒斯举了一个学生在尝试设计房子时，如何在数学的微观世界中理解比例的例子。一开始房子很小，学生尝试通过让房子的每个部分增加相同的尺寸来让房子扩大，结果导致房子看起来十分扭曲，因为要保持比例不变，需要用乘法而不是加法。要让房子看起来正常，学生必须明白一点，用常数来乘，比例可以保持不变，而用常数来加则不行。[26]换句话说，模拟过程中的每一个举动都包含了一个或明或暗的假设。无论你做什么，你都是以你对这个世界运作方式的假设为基础的。通过使用模拟，通过动作和反应的循环，用户可以探索被模拟的领域，并建立对这个世界的认识。

多年来，通过犯错来学习，通过犯错来学会纠错这一反复的过程已经被各种类型的计算机工具所采用，如软件 LOGO、建模工具 StarLogo、游戏模拟器 Boxer 以及软件 Geometer's Sketchpad（《几何画板》）是数学和科学类，软件 Stella 和 StarLogo 以及游戏《模拟城市》是市政学、经济和城市规划类，《俄勒冈之旅》和《文明》是历史类。总的来说，这项研究显示了计算机模拟的教育价值：它们使犯错变得安全，因此人们可以通过犯错和改错来学习，而不必总是把所有事情都做好。[27]

这就是《数字动物园》玩家的情况。里克和卡尔设计一个结构，结构垮塌，于是他们重新对问题进行分析——在最终完成设计前，这个过程至少重复了 19 次；旺达刻意对交叉支撑进行了"试验"；克丽丝努力制作了一个带有弯曲翅膀的蝴蝶，她添加了弹簧，增加了腿，重新对设计进行了平衡，然而在第二次尝试中，这些都被简化掉了。

在索达构造器中进行模拟时，《数字动物园》的玩家们有可能犯下严重设计错误。通过修正这些错误，玩家就能弄清楚怎样使设计成功，并且在这个过程中，他们也会明白模拟所基于的物理概念。在他们进行首次设计之前，他们不需要认识质心和交叉支撑。和其他所有优秀的游戏一样，《数字动物园》的玩家可以像游戏研究者詹姆斯·吉伊所说的那样"在获得能力之前先做事情"。可以边做边学，而不是先学后做。[28]

当《数字动物园》的玩家在虚拟的微观世界中对项目进行测试和修改时，换句话说，他们也对自己对工程学和物理的理解进行了测试和修改。然而，如果没有任何指导，他们是无法做到的。在缺乏指导的情况下在内容丰富的计算机世界中漫游并非一种良好的学习方式。学习者是新手，让他们在没有任何支持的情况下进行模拟，会导致他们倾向于从中寻找模式并做出虽有创造力但是虚假的概括。[29]任何领域专家所掌握的用来观察世界、解决问题，用来证明其回答无误的知识就是该领域的重要知识。如果你希望有人通过学习模拟来拓展与模拟内容相关的专业视野，你就应当将其设置在特定的背景下。

在《数字动物园》中，索达构造器的模拟活动是设置在如下背景中的：在该游戏中，玩家变成生物力学工程师，进行动画电影角色设计。游戏模仿工程师的训练方式，具有相同活动、相同工具，以及有关同类错误的同类对话。当玩家对他们的物理和工程学知识进行测试和修正时，他们是在以一种特殊的方式来认识世界。

以下这点很重要：电子游戏可以帮助玩家以一种重要的方式进行交流和思考。

任何游戏的核心都是模拟。它可以是电脑模拟，如《数字动物园》《动物园大亨》，也可以是《游戏王》中的卡牌或国际象棋的棋盘。所有的游戏都创造出一个可供选择的宇宙——一个微世界，这个世界是按照特定的规则运行的，玩家可以对它展开探索。游戏既可以是合作型的，也可以是竞争型的。玩家在游戏中干的事可能很有趣，也可能很无聊。游戏的规则可能与现实世界的规则非常接近，就像我女儿玩的过家家游戏，或是有上百万人玩的《模拟人生》，游戏规则也可能像《魔兽世界》中那样神奇。

游戏就是我们在模拟过程中、用模拟来做以及围绕模拟所做的所有事情，包括我们与模拟程序互动时所扮演的角色，我们所遵循的规范、遵守的规则。大多数我们称之为电子游戏的东西，如《数学冲击波》这样的教育游戏、《俄罗斯方块》这样的休闲游戏、《疯狂橄榄球》这样的运动游戏，甚至还有《侠盗猎车手》这样的有争议的游戏，实际上都是模拟。玩家为模拟游戏带来很多东西，他们带来自己的兴趣和欲望，带来自己的经验。通常，他们会带上朋友，如果玩游戏的时间够长，和朋友讨论游戏的乐趣不亚于在电脑上玩游戏。即便模拟程序设定了从一关进入下一关所需达成的目标，玩家也可以决定何时以及如何去实现这些目标。游戏总是比模拟本身更重要。游戏为我们提供了一个框架，在这个框架中，我们能够明白当我们与模拟程序互动时会发生什么。

这就是认知游戏如此强大的原因。认知游戏建立在对有趣的重要问题的模拟基础上。用创新工作者看待世界的方式，你才能理解所发生的情况。在这些游戏中，从微观世界（游戏核心的模拟世界）中获得的认识是不会被遗忘的，因为它是在分析和解决问题的过程中获得的，这也是创新思想家们认识事物的方式。当然，开发这样的游戏需要真正搞清楚创新工作者是怎么做事的，需要理解创新工作者是如何对问题展开思考的，因此这是下一章的主题。

写给家长、老师和导师的话

在网上使用索达构造器是免费的，这个游戏玩起来非常有趣。链接到索达构造器网站的相关资料提供了更多信息，它们能帮助玩家了解如何进行模拟以及如何开始设计一些扭来扭去、摇摇晃晃的生物。相比之下，玩《数字动物园》没有那么方便，但斯瓦罗夫斯基等人正致力于开发材料，以便将这款游戏用于课堂或课后活动。

与此同时，一些商业游戏也是以对丰富的现实世界的模拟为基础的。其中一个例子就是《政治机器》。在这个游戏中，玩家扮演的是总统候选人的竞选经理。游戏采用真实的人口统计数据，以当代议题如反恐战争、当前经济状况以及美国在伊拉克的政策为模型。游戏网站会定期对情况进行更新，让游戏保持最新状态。玩家要做许多真正的总统竞选经理要做的事情，如发布政治广告、决定何时何地发表演讲、制定政策、筹集资金等。玩家可以创建自己的候选人或者使用历史上的候选人。要玩好这个游戏，需要对美国的选举政治，包括从选举团制度及其对竞选活动的影响到关系到不同地区选民的一系列政策问题有相当多的了解。玩家能快速学会选票、筹款、宣传和广告用语。他们会明白为什么有些州在大选中得不到关注，而其他州的广告铺天盖地，明白为什么候选人会被迫模棱两可，采取中间立场。

但是，与判断《政治机器》是否是训练某种思维方式的最佳游戏相比，更重要的是辨别玩家在游戏中使用的知识种类。例如：

→当你看到某个模拟游戏时，想一想以下问题：游戏使用的专业术语有哪些？要在这个微观世界中活动，需要具备哪些知识？当你和孩子一起玩时，要向孩子解释清楚与游戏相关的基本概念，比如它们是什么、它们有什么作用。要让孩子清楚地了解游戏中嵌入的知识。

→记住：盒子里装的游戏也是一种模拟。从根本上来讲，是玩家让游戏成为游戏，是玩家决定了游戏开始的时间和游戏方式，更重要的是，是玩家决定了讨论游戏和评估游戏的方式。

→利用游戏中的概念形成专业视野。用掌握的专业术语来描述游戏。如果你认识了交叉支撑、媒体市场或概率论，请在讨论游戏时使用这些术语和概念。帮助孩子认识你是如何用你的专业眼光来理解游戏的。

    →帮助孩子了解游戏中的理念为何能够或是不能在游戏之外的世界中应用。当你用游戏中的专业术语来看世界时,你看到了什么?

第三章　技能：《埃舍尔世界》

计算机扩大了我们的能力范围，因此我们要让孩子们在使用计算机的过程中学会创新型专业人员的思维和行为方式。本章主要描述专业人员如何通过学习进行创新思考。

这一章主要探讨《埃舍尔世界》这款游戏。几年前，我在麻省理工学院同事们的帮助下开发了这款认知游戏。这款游戏建立在工作室课程研究基础之上。在该课程中，接受培训的建筑师要学会用设计师的方式来思考问题。[1]玩家在游戏中的身份是图形艺术家，他们要创造出带有埃舍尔（M. C. Escher，荷兰艺术家）风格的数学艺术品。与此同时，他们也要学习几何和设计的相关知识。

本章首先概述了玩家在游戏中所遇到的数学概念，并且探讨为什么在传统数学课堂上教授的数学概念对许多学生来说非常棘手。然后我们将目光转向我研究的一组玩家，尤其关注游戏中的两位年轻女性玩家，关注她们对游戏的体验、她们学到了什么，以及最重要的，她们通过游戏学会了做哪些事。我们的观察表明，学习专业人员的思维，意味着要学会专业人员的行为。因此，专业人员的培训方式实际上为数字时代提供了一种学习模式。

梅勒妮的故事

以下是你可能会在如今许多九年级、十年级的学生使用的标准几何教材中看到的一个题目：

点 P 是弧 AB 和 CD 的圆心，AB 的弧长为 1，如果 PC = 2，AC = 1，那么，CD 的弧长是多少？

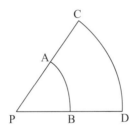

在阅读下文之前，请你花一分钟思考答案是什么。假如你和很多人一样，九年级、十年级的时候厌恶数学，你从几何课上认识到的仅仅是自己不擅长数学，你甚至再也不愿意碰它，那么，请花一分钟看看你是否能弄明白这个问题在问什么，以及为什么这样问。

好了，时间到了。答案是 2。原因如下：在这个题目中有两个同心弧，较小的内弧（弧 AB）和较大的外弧（弧 CD）是两个不同的圆的一部分，这两个圆恰好有相同的圆心，即点 P。实际上，大圆的圆弧距圆心的距离是小圆的圆弧距圆心距离的两倍。现在，我们得知一个圆形一周的长度（它的周长）与半径（从圆心到圆上任意一点的距离）成正比。也就是说，如果你把从圆心到圆的距离（半径）变大十倍，那么圆的周长也会长十倍。如果你把半径的长度减半，那么周长也会减半。

因为圆弧只是圆的一部分，圆弧的长度由圆心角的大小决定（点 P 所在的扇形，称为内角或弧角），同样的比例关系也适用于具有相同内角的弧。也就是说，如果你从两个不同大小的饼中取出圆心角大小相同的扇形，那么圆弧的长度就会随着饼的大小而变化。在扇形圆心角不变的情况下，将这个饼的半径变成原来的十倍，那么圆弧的长度也会变成原来的十倍。

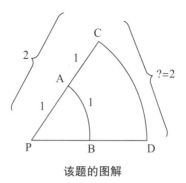

该题的图解

图中的两条弧的圆心角相同，因此我们可以将它们看作来自两个不同大小的饼、圆心大小角相同的扇形。我们已知外饼的半径为 2，因为题目告诉我们从 P 到 C 的线段长度是 2，那么我们可以算出内饼的半径。既然我们知道 PC 的长度是 2，从 A 到 C 的线段长度是 1，那么内饼的半径（从 P 到 A 的线段）一定是 1。所以，外饼的半径是 2，内饼的半径是 1。

因为外饼的半径是内饼半径的两倍，所以，外饼的弧长是内饼的弧长的两倍。题目告诉我们弧 AB 的长度是 1，因此我们可知内饼的弧长是 1，所以，外饼的弧长一定是内饼的两倍，也就是说，CD 的弧长是 2。

越具体越难

哪怕实际上你可以自己解答这个题目，你也可能会像大多数人一样觉得这道题目的答案让人难以理解。原因不难看出。就算你理解这个问题背后的数学原理，但仅仅是记下字母和它们在图中的位置就是一件很麻烦的事情，更不用说解答这道题还需要运用我们已知的知识，与此同时还要时刻想到我们需要解决的问题。

图解法有助于我们记录已知条件和未知条件，但是我们依旧绕不开一个更深层次的问题：这道练习题似乎没有什么用处，也没有什么意义。这个题目是完全抽象的，与现实世界中的特定情况、问题或活动无关。教育心理学家米切尔·内森和他的同事们指出，尽管我们知道一开始根据具体的例子和经验来学数学，学生能学得更好，但是老师们更倾向于用类似的抽象问题来教授新的概念。内森等人的看法是有说服力的。他们的研究表明，数学知识越丰富的老师越有可能从抽象而不是具体的问题开始教，即便这样会让学习更加困难。[2]当然，我们很久以前就已经知道，当人们，尤其是孩子们学习新东西时，他们会从具体的经验出发，然后形成抽象的理解。这就是皮亚杰在其关于人的思维在发展过程中会经历不同认知阶段的专著中提出的观点。[3]

因此，让学生更好地解决问题的一个方法，可能就是把问题放在真实的、具体的情境中。例如：

梅勒妮的旋转木马

星期天，梅勒妮带着妹妹去坐旋转木马。梅勒妮坐在她最喜欢的靠外圈的马上，离旋转木马中心 2 米远。她的妹妹梅洛迪坐在内圈的马上，离梅勒妮有 1 米的距离。当马开始旋转的时候，梅勒妮开始思考她旋转的速度。她注意到，在梅洛迪的马圈里，一匹马的鼻尖和前面那匹马的尾巴尖之间恰好有 1 米的距离。她在心里慢慢默数，她发现，刚好在 1 秒钟内，梅洛迪的马的鼻子移动到了前面的马的尾巴刚刚过去的地方。因此，梅勒妮意识到，梅洛迪的马一定是以每秒 1 米（1 米/秒）的速度行进。你能帮梅勒妮算出她的马的旋转速度吗？

幸运的是，我们不需要再解一次题，因为这道题实际上和上一道题完全相同。这道题目与大多数学生都有所了解的事物——旋转木马有关。然而，用这种方式来转化问题实际上会使问题更难解决。从理论上讲，我们现在可以利用自己对旋转木马的认识来理解梅勒妮的想法。虽然从根本上讲，这两道题完全一样，但为了解决旋转木马问题，我们还需要做额外的工作——把木马和姐妹俩转换化成点和弧，画出和之前一样的图，然后用同样的方法解决问题……好吧，让我们来面对现实吧，这个版本的题目仍旧没什么意思，而多数学生，甚至是梅勒妮（或梅洛迪）自己，可能也会有类似的感觉。

现在，我们来想象一门全是上述这类题目的叫作"梅勒妮的数学冒险"的课程，也许该课程还有配套有一个花哨的网站 www.askmelanie.com，提供在线答题帮助。但是，无论题目包装得多么新颖多么复杂，其实质仍然是同样的，而且繁复的包装使得问题更难解决。数学教育研究员乔·博勒认为，一般来说，通过将题目转化成应用题使题目变得"真实"，会使题目变得更难。因为学生对现实世界的理解对解决问题并没有多大帮助。[4]要想知道为什么认识现实世界对解决具有现实性的应用题并没有多大帮助，一个简单的方法就是问问你自己：

如果一支铅笔的价格是 10 美分，那么 10 支铅笔的价格是多少呢？

当然，正确答案是"小于 1 美元"，因为批量购买时，总是可以打折的。但是每个学生都知道，在数学课上解答这样的题目时，应该忽略打折这个事实。解答应用题的方法是让它脱离现实世界，还原到最根本的形式，博勒的研究表明，这无异于增加了更多额外的工作，而不是加深了理解。博勒认为，让数学变得有意义的不是学生们所解决的问题，而是他们解决问题的环境。

所以，让我们暂时将梅勒妮的例子放在一边。接下来，让我们看看当同样的问题作为认知游戏的一部分，出现在一个更真实的环境中时会发生什么。

哈莉的故事

《埃舍尔世界》是一款游戏时长为 4 周的游戏，玩家在游戏中的身份是计算机辅助设计师。玩家每天早上要在设计工作室工作 4 个小时，工作时长共计 80 个小时。

我和麻省理工学院的同事在几年前对《埃舍尔世界》进行了测试。我们通过向当地的青年组织和学区办公室邮寄传单来招募玩家参加这个集计算机、数学和设计于一体的夏令营，唯一的要求是他们还没有上过几何课。我们选择了前 15 名回复我们的中学生来参加测试。测试招募的玩家来自波士顿及周边的城市和郊区，包括非裔、亚裔和拉丁裔学生各两名。3 名麻省理工学院建筑与设计学院的研究生在游戏中扮演设计导师的角色。

我们分别在游戏前后对玩家进行了采访，而且在游戏结束 3 个月后再次采访了他们。采访中，我们询问了一些关于数学和设计的问题，并用几何课本上的题目对玩家们进行了简短的数学测试。玩家讲述了他们设计的被子以及其他产品。我们还问了他们对游戏的看法，以及游戏是否对他们在学校的学习产生影响。我们对游戏过程进行了录音，保留了玩家的设计记录。以此为基础，我们得以研究他们在游戏中学到的东西以及他们的学习方式。

这款游戏以我针对麻省理工学院建筑工作室，即牛津工作室的一门课程开展的一项研究为基础。研究的对象是本课程的 11 名学生和他们的 3 位设计导师，1 位教授和 2 位高年级博士生，研究重点关注 3 名攻读建筑学硕士学位（该专业旨在培养学生成为美国注册建筑师）的学生。在研究过程中，我观察了上课情况，并采访了部分学生和教师。

爆炸负空间

要讲述《埃舍尔世界》游戏的故事，我首先要介绍其中一位玩家的经历，这位玩家就是哈莉。她是一个说话温和的年轻女孩，与她的同龄人相比，她瘦小，腼腆，甚至有些笨拙。参加夏令营的那个夏天她似乎正处于一个过渡期，她不太喜欢与聊乐高、和父母一同去看电影的孩子待在一起，也不太想和热衷于化妆和约会的少男少女待在一起。

在第二周，当哈莉和其他玩家一起玩游戏时，她发现了一个现象，她将其称为"爆炸负空间"。她意识到，如果她让一个尖角反复以一个很小的角度旋转，就能创造出一个图像，这个图像中心的负空间（图像中的空白部分，即图像的白色背景）似乎在震动（读者可以在下图中看到哈莉所指的内容）。虽然哈莉不知道这个图像的专业术语，但她确实发现了"阿尔伯斯互动"的一个例子。"阿尔伯斯互动"是著名艺术家和理论家约瑟夫·阿尔伯斯所提出的色彩感知原理，它是计算机界面设计的一个重要概念。[5]我们对颜色的感知会随着背景的变化而变化，在哈莉创造出来的图像中心，明暗的快速交替使得图像白色区域的辐条上似乎出现了亮点，所以呈现出振动或者爆炸的景象。如果选择的颜色不搭配，就会产生令人心烦意乱的效果，电脑显示出来的内容就难以阅读，这就是阿尔伯斯效应在计算机界面设计中非常重要的原因。

　　哈莉和其他玩家都对这一效应的发现感到兴奋，但她不知道下一步该怎么做，于是她向设计导师提出一对一评图。

哈莉发现，在旋转的图像中心，有可能产生一个"爆炸负空间"（即振动的白色空间）。右图是左图中心放大后的效果

一对一评图

　　熟悉设计，特别是熟悉建筑设计的人，都知道一对一评图这个术语。它是一个设计术语，是专业设计人员使用的专业语言之一。[6]一对一评图是一种特殊的评论方式，进行一对一评图时，设计师们会在开展设计工作的桌上讨论工作进展。当年轻的设计师在接受培训的时候，一对一评图是学生和专家、设计者与评图者之间的非正式对话，有助于学生提高设计能力。

　　在设计工作室里，当一名学生在设计过程初始阶段遇到难题或完成阶段性设计时，可以约教授或助教进行一对一评图。一对一评图需要的时间及其风格和形式根据学生、教授和设计工作室的不同而有所变化。在牛津工作室里，评图一般需要20到40分钟，流程较为松散但清晰且稳定。首先，学生向老师解释自己的设计意图，也就是自己的设计目标。然后，学生告诉老师自己为达到这个目标做了哪些工作，以及目前要应对的问题——要解决哪些问题或者做出哪些决定。例如，某学生要求一对一评图的原因是他不知道该怎么设计建筑物的屋顶线。

　　老师会在一对一评图的过程中倾听学生的描述，时不时地问一些问题以明确其想法，之后，老师会就学生设计中发现的问题对学生进行反馈。这些问题有可能是学生们还没有注意到的。之后，老师会和学生一起针对他们共同发现的问题设计一个可行的解决方案。实际上，他们通常会设计好几种解决方案，并讨论每种方案的优缺点。最后，老师会让学生自己决定如何来做下一步设计。

在这个过程中，老师的目标是了解学生的设计目的，帮助学生改进设计思想。牛津工作室的教授称，和学生一起评图就是"试图进入他们的大脑"，"在学生完成设计之前，通过预测可能会出现的问题，帮助学生充实自己的想法……拓宽视野，让设计更加完善"。

换句话说，哈莉要求一对一评图是再正常不过的事情，因为任何一个设计工作室的工作人员都会采取相同的举措。当哈莉与老师交谈时，他们意识到，他俩都不知道究竟需要什么条件才会产生爆炸负空间。阿尔伯斯互动（色彩的面貌会随着背景的变化而变化）是一个非常重要的设计概念，其呈现效果会因设计的具体形状、颜色、布局，以及光照条件、使用的纸张和墨水（或者具体的计算机屏幕）的不同而不同。阿尔伯斯互动告诉我们，我们需要注意极为接近的颜色之间的相互作用，但它没有告诉我们如何才能实现特定效果。

这次一对一评图的结果是，哈莉决定利用她能找到的软件和打印机弄明白哪些条件能使爆炸负空间的效果更加显著。她对爆炸负空间进行了一系列细致的探索，总共做出了二十多个设计，以确定究竟是什么使物体旋转的形状看起来具有爆炸性。她的结论是，需要有"尖角"，"尖角"要足够多，要有较深的颜色。因为这些研究，爆炸负空间成了哈莉在游戏中反复尝试的一个设计。

设计工作室

在《埃舍尔世界》里，玩家们扮演的是接受培训的设计师，但他们所做的并不仅仅是要求一对一评图，因为在牛津工作室，学习设计不仅意味着参与一对一评图。[7]

举例来说，工作室的布局与大多数教室的布局有很大的不同。与大多数K-12学校（基础教育阶段学校，25~30人/班）的学生相比，这11名学生拥有的个人绘图空间要大得多。工作室里有一间和研讨室一样大的会议室，以及一片很大的开放空间，用于学生正式展示作品。每周上3次课，上课时间是从下午2点到6点，但这仅是一个指导性时间，并不一定固定。学生和教学人员通常在下午2点左右到达工作室，什么时候到取决于当天的工作安排。随着项目最后期限的临近，晚上和周末工作室也是一片热火朝天。学生要么和教师在研讨桌前讨论项目，要么单独工作或是查看电子邮件，出去喝杯咖啡，或者在一对一评图时与老师或同学会面。

因此，从某种意义上说，牛津工作室的管理比较松散。学生可以按照自己的想法自由地做自己想做的事情。若让一个旁观者来观察这里面的情况，他甚至可能觉得这个工作室里面一片混乱。但是，未做安排的大块时间与日程的灵活性为学生和老师就设计项目进行深入交流提供了机会。牛津工作室相对松散的管理使得一对一评图成为可能。

在牛津工作室里，学生们正在为英国牛津大学设计一幢新的商学院大楼。在一个学期的课程中，每个学生都要形成自己的设计方案、展示设计方案、就自己的设计方案进行答辩。为方便进行管理，这个学期的课程被划分为六项设计任务，每项任务都要完成商学院大楼设计的一个部分，任务都很具体，例如绘制大楼的草图或者设计大楼的某个关键部分。

在完成每项任务时，学生和教授首先会参考其他建筑师的类似设计，之后学生们再开始自己的设计。遇到问题时，学生们就会在一对一评图中与工作室的老师会面探讨。得到老师们的反馈后，学生再次回到自己的项目中，为作品的公开展示做准备。每次设计的作品都会被钉在墙上，供其他同学提问、评论或提出建议，实际上，这就是全班参与的评图。设计和评论的过程在正式的设计总结中得到评估。最后的设计总结其实就是一次公开展览，学生们要在展览中展示自己的作品，向众人展示自己的设计方案，当然也会获取来自工作室外的专业设计师的反馈。

工作室游戏

之所以说《埃舍尔世界》是基于牛津工作室而创作的，是因为这一游戏尽可能完整地再现了工作室的安排和活动。与牛津工作室一样，《埃舍尔世界》的每个玩家都有自己的桌子，并配有个人电脑，玩家与设计导师的比例与工作室的学生与教师的比例大致相同。

与牛津工作室一样，《埃舍尔世界》的关卡与一系列的设计任务相对应，而所有的设计任务都指向一个最终项目。在这个案例中，最终项目是埃舍尔风格的博物馆艺术展览。每一项设计任务都从一个设计目标开始，任务之初，玩家会关注其他设计师应对类似挑战的方法。举例来说，游戏初始关卡的任务是利用曲线进行直边设计，从示例开始，玩家会接触到其他设计者的解决方案，但是玩家个人的方案又与其他设计者的解决方案不一样。玩家可以自行创造设计。他们拥有大量的空闲时间，可以利用这段时间请主设计师进行一对一评图。设计方案会在设计评审中得到公开讨论，设计任务互相关联，最后玩家会在两次正式的设计总结中公开展示自己的设计。

《几何画板》

《埃舍尔世界》的很多游戏都有非常复杂的数学理论支撑，比如几何变换（反射变换、旋转变换、平移变换和膨胀变换）函数的复杂组合，生成镶嵌图案和分形设计。然而，参与这次测试的中学生从未上过几何课。他们不熟悉欧几里得的几何基本概念，他们不知道射线、弧线或平行线和垂直线，也没有接触过函数一类的高级数学题目。[8]

《几何画板》是一个计算机模拟工具，是它使得哈莉和她的朋友们在《埃舍尔世界》里扮演平面设计师并使用复杂的数学函数成为可能。这个画板是由尼古拉斯·捷奇夫设计的一个程序，可以让《埃舍尔世界》的玩家创建基本的数学图形，比如点、线、圆、圆弧以及多边形，并定义它们之间的数学关系。[9]玩家可以在设计的任何地方绘制一个点，也可以在两条线的交叉处画一个点，或者绘制两条垂直相交的直线，让其中一条线与画板上的另外一个点相连。

移动（通过点击鼠标拖动）画板中的任何一个图形，其他图形就会相应地移动，以保持玩家构建的数学关系。随着点和线的拖动，设计会跟着变化，效果非常明显。

在《数字动物园》中，计算机模拟程序索达构造器创造了一个由弹簧和其他会对重力和肌肉波的力量做出反应的图形构成的微观世界。在《埃舍尔世界》中，《几何画板》创造了另一个不同的微观世界，其中包含了点、线、角和多边形以及将这几者联系在一起的函数关系。[10]

当你在画板中拖动物体时，你会看到画板上发生了相应的变化，出现什么样的变化取决于其背后的数学概念。例如，下图展示了使用画板制作的两个图形（a1 和 b1）。它们看起来都像是正方形。但是 a1 只是画成了一个正方形的样子，它不满足正方形的构造条件，所以移动它的顶点时（a2，a3），它的形状就会被破坏，因为它实际上是一个任意四边形，它的边或者角没有被限定。然而，第二个形状 b1 满足了正方形所有的构造条件。[11]因此，无论你做什么，它都会在画板中保持正方形的形状。数学关系规定了它的各个部分，所以它的四个角都是 90 度，四条边长相等。这个正方形可以在《几何画板》中旋转，可以改变自身大小，但无论在设计中怎样调整它，它始终是正方形。a1 不满足正方形构造条件，只是看起来像正方形的四边形，既可能会随着设计的变化而变化,也可能维持原样。

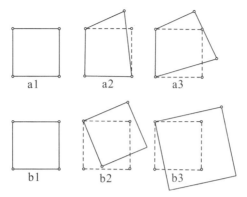

画板上的四边形 a1 虽然看起来像正方形,但是当它的角被移动时(a2,a3),它就不能维持原有的形状。正方形 b1 是用平行线、垂直线以及圆来构造的。当移动它的角时(b2,b3),它会改变大小和方向,但形状始终保持不变

当然,你还可以用画板做其他很多事情,而不只是画正方形。你可以像哈莉一样旋转一个形状,制造出爆炸负空间。你也可以通过反射变换和平移变换来设计图案。你还可以使用数学函数来扭转、缩小和移动对象,从而做出复杂的分形设计。

换句话说,有了《几何画板》,《埃舍尔世界》的玩家就可以运用一定的数学概念来做自己的设计。《数字动物园》的玩家可以通过尝试在索达构造器中制作生物来学习物理和工程学的相关知识,在《埃舍尔世界》里,玩家必须掌握基本的数学原理才能创造出美丽的图案。例如,为了做出如下设计,玩家必须理解图形旋转变换和膨胀变换的概念,同时还要理解分形递归的函数组合,他必须让鱼以恒定的速度围绕一个点旋转并逐渐缩小,这个点既是旋转中心,又是图像的扩张中心。

《埃舍尔世界》玩家创造的图像

环形爆炸负空间

让我们"快进"到游戏的最后一周。在游戏的最后一关，哈莉要制作一张埃舍尔风格的海报，这张海报可能会出现在博物馆的展览上。她解释说，她决定使用由相同形状的图形组成的几个环来制作一个"爆炸环"，爆炸环会呈现出物体在真实情况下爆炸的景象（碎片向四面八方放射）。

哈莉在完成最后这个设计时遇到了麻烦：她能够在图形的外环或内环制造出爆炸负空间，但不能保证爆炸负空间同时出现在内环和外环。当内环的尖角形成一个爆炸的负空间时，外环的尖角却离得太远，无法生成她要的视觉效果，所以看起来外环没有爆炸。但是，当哈莉移动尖角，使外环上的尖角产生想要的效果时，内环上的尖角就会变得模糊，成了一条连续的曲线，没有任何振动效果。因此，哈莉再次要求进行一对一评图。

哈莉对这个问题的第一个解释是，她选择的形状有问题，毕竟，她已经做了一系列的尝试，她知道旋转中使用的多边形的形状是产生爆炸负空间的要素之一。

老师问哈莉她是如何制作这两个环的。哈莉解释说，她先是用一个形状围绕一个中心每次旋转9度，直到它形成一个圆圈。然后她将把这个形状移到她想要画的第二个环的位置，让该形状以相同的角度围绕原旋转中心旋转，以此制作第二个环。

老师建议通过改变每个环上的多边形颜色来判断选择的图形是否就是问题所在。这样一来，就可以进行相应的观察。

哈莉采纳了这个建议，当她再次旋转自己的图案时，她发现问题不在于形状。她看到两个多边形——内环中的多边形和外环中的多边形，都相对于它们的旋转图像（环中旁边的多边形）在移动。哈莉意识到，问题其实在于内环和外环旋转了相同的度数。

"噢，"她叫道，"你得让外环的尖角旋转的角度更小才行，因为外环距离旋转中心更远……外环是一个更大的圆，必须旋转更多次才能保证出现尖角。"

换句话说，哈莉在制作爆炸负空间的环形图案时，实际上已经解决了梅勒妮在旋转木马上思考的问题。哈莉得出了正确的结论：如果你有两个同心弧，弧的圆心角相同，弧长取决于从圆心到每条弧的距离。在圆心角相同的情况下，半径越大，弧长越长。在圆弧的半径更长的情况下，如果想让两段弧长相等（以让尖角间的距离相等），圆心角必须更小。

当然，这两个例子有两个不同之处。一是哈莉没有明确表示，两段弧的长度比正好等于半径比——尽管毫无疑问，如果哈莉需要，她是可以计算出来的；另外一个更重要的不同之处在于，这个问题在某种程度上对她来说是有意义的，这对一个学习"梅勒妮的数学冒险"课程的学生来说是绝对不可能的。这个问题之所以有意义，是因为找出一个圆的半径、图形的旋转角度以及图形和图形之间的距离（弧长或弦长）之间的关系，是哈莉完成爆炸负空间设计的关键。爆炸负空间中的图形在各个方向都呈现出放射状（见下图）。

哈莉·克拉夫特：我 12 岁，七年级。我设计的灵感来源于爆炸负空间。我发现，旋转带尖角的图形可以使空间呈现出颤动的景象，看起来和爆炸一样。我制作了环形爆炸负空间，它看上去就像是要炸离页面一样

娜塔莉的故事

对《埃舍尔世界》的这项研究表明，在游戏中玩家必须弄清楚有关设计的基本概念，如阿尔伯斯互动，以及相关数学原理，如旋转对称等。只有明白了相关概念，玩家才能制作出复杂的数学图形。我们研究的玩家以不同的方式学习了图形艺术，这个过程可以为他们的职业生涯打下基础，也让玩家提前认识了在今后一两年内他们会接触到的几何概念。

我和我的同事对玩家进行了数学测试，该测试是研究的一部分，题目来自高中几何教材。在其中一道题中，两个全等三角形位于页面不同的位置和方向，问：什么样的刚体运动方式能将三角形 P 移动到三角形 Q 上？问题不同但主题相同的测试一共有三个版本。结果显示，玩家们的测试分数在完成游戏之后都有所提高。平均来看，游戏后的分数比游戏前高了 14 个百分点。玩家回到学校三个月后，再次接受了我们的测试，他们的分数没有掉下来。[12]换句

话说，玩家在游戏中学习了学校要学的数学知识，而且他们学到的知识没有被遗忘，尽管他们在参加最后一次测试时都还没有在学校学习过几何。

玩家还学会了运用数学思维和设计理念从更复杂的角度看待设计作品。在游戏前后玩家都接受了一个描述图案的测试。在玩游戏之前，我们测试的一个玩家这样描述道：

> 一个方形套另一个方形……在里面……有一些色块什么的。它们看起来很像鸡翅。

在玩过《埃舍尔世界》之后，玩家能用更复杂的方式来描述这个图案

游戏结束后，这个玩家又对这幅图进行了描述：

> 盒子上有一个红色的边框，里面有一个更小的蓝色边框……在蓝色边框里面有一个黄点。你的目光会被吸引到那个点上。这就像是图案的焦点。我一开始想要说这个图形是对称的，但后来我注意到这些红色小图案延伸出来的小蓝线……我意识到它是角对称的……不管是谁制作的这个图案……他都可能是从图的一部分开始制作，从不同的角度制作了四个版本，然后将四个部分拼到一起，做成现在的图案。

注意，该玩家不仅在设计中看到了更多的细节，还使用了术语。他描述出了设计师设计图案的方式，同时还指出了图案如何得以设计成功以及如何影响观众。他在描述过程中使用了数学和设计知识，这些知识作为设计师专业知识的一部分，让这位玩家以全新的方式观察世界。这些变化在我们测试的玩家中很常见。游戏结束后，当要求玩家再一次描述图案时，他们纷纷给出了更长更详细的答案，并使用了比以前更多的数学和设计方面的专业词汇。在《埃舍尔世界》里，我们测试的玩家开始具有设计人员的思维方式。

得　A

要想知道拥有设计师的思维究竟有多么强大，就来看看我们研究过的《埃舍尔世界》的另一个玩家吧。娜塔莉是在夏天参与的游戏，和许多中学生一样，她在大人面前很害羞。与评论平面设计相比，她似乎更喜欢和男生开玩笑。在游戏开始前，她数学测试的结果并不是特别理想。娜塔莉在采访中说，她在学校只是一个"一般般"的学生。游戏结束后，她的测试成绩确实提高了，但提高的幅度不大。

然而，游戏结束三个月后，她就像变了一个人。娜塔莉回到学校接受采访时，她解决转换几何和图形设计方面问题的能力仍然比参与游戏之前强。然而，令人诧异的是，她变得更自信了。她戴着一个新的寻呼机，当我问她的时候，她自豪地回答说，这是她的父母给她买的，因为她所有的科目都得了 A。

我知道去年娜塔莉并不是一个能得 A 的学生，所以我问她学习上哪里不一样了。她说："现在老师问每一个问题我都举手……去年的时候，我特别不希望老师叫我起来回答问题。现在因为我每次都举手，老师都不想叫我了！"

她接着详细描述了参与游戏之后她对每一堂课的态度的变化：

> 我看（艺术）老师的作品……然后她问我："你怎么看，娜塔莉？"然后我说："你应该多加一点……对称性在这里……"我的老师很惊讶……
>
> 看到同一幅画时，我的一些同学一般只会说："哇，这幅画色彩挺丰富。"但我告诉我朋友："如果你仔细观察，你会发现很有趣的东西。"我告诉同学我学到的所有词，比如"镜像射线"和"图案"……（我的朋友就会说：）"哇，娜塔莉，你从哪儿学来的这些？"现在我还教他们艺术……在音乐课上……我提出了音乐对称性，因为我感觉音乐是对称和平衡的。我的朋友们在放学后告诉我，现在他们多了一种品味音乐的方式……
>
> 我们做了很多西班牙风格的艺术品……我会在大家面前分析这些作品："看看这个作品，思考一下它各部分的平衡如何，思考一下它的颜色……"
>
> 在数学方面，我正在学习百分比、度以及角。这些都能帮助我更好地理解事物……与此同时我也欢迎更多的批评。所以，对我来说这些都是极大的改变……现在我在公开演讲时很大声，每一个词都能说

清楚，再也没有吐词不清、结结巴巴，去年的时候，我在公众面前讲话总是支支吾吾的。

我们没有具体的数据可说明这些影响有多深刻或者能维持多久，但我们知道的是，在游戏结束后的几个月里，娜塔莉的成绩上升了。而且，游戏产生的影响已经蔓延到其他方面，包括如何看待自己、如何将学习放在重要的位置等。心理学家艾伯特·班杜拉的研究表明，认为自己能够完成计划的学生，相对于对自己期望值较低的学生，更容易在学业上（不仅限于学业）取得成功。[13]不难想象这其中的原因。学习效率高的学生认为他们在学校的表现是自己可以控制的，所以他们有动力去解决他们学习中的问题。那些认为自己效率低下的学生在面对失败时往往会更倾向于放弃。[14]所以，如果娜塔莉认为这个游戏在学习上帮助了她，那么这一点非常重要。

有关娜塔莉的故事，以下这点很有意思：游戏不仅仅给她的学业带来了变化，也给她的许多方面都带来了变化。娜塔莉知道，在游戏中学习到的数学知识能帮助自己在学校里学得更好。在数学课上，她对学习百分比、度和角更有信心了。以前在学习上感觉吃力的地方，现在她开始感到"相当踏实"。娜塔莉教她的朋友关于艺术的知识，告诉他们对称和平衡、镜像射线、图案以及颜色的运用等知识。她还能够在音乐课上使用一些类似的概念。

然而，数学和设计领域的知识并不仅仅是凑在一起的孤立的信息，它是娜塔莉在学习设计师思维过程中学到的一系列理念。在学校，从平衡和对称的角度出发，她向朋友展示了如何近距离观察艺术作品。"看待音乐的新方式"以及对艺术的思考让娜塔莉活力满满，以全新的积极状态投入西班牙语课堂。换句话说，在实用认识论的背景下学到的知识赋予了娜塔莉新的世界观，这个世界观就是设计师拥有的专业视野，能帮助她在学校的所有课程中都取得更好的成绩。

技　能

然而，知识和认识论并不是娜塔莉在玩过《埃舍尔世界》后能得 A 的唯一原因，因为并不是我们所知道的一切都可以用语言来描述。我们大多数人都会骑自行车，但很少有人能很好地向别人解释自己是怎么骑的，也很少有人能够向别人说清楚他们怎么才骑得好。说"踩踏板，转动车把，不要失去平衡"是不算的，因为诀窍不在于知道必须要做哪些事，而在于知道如何去做这些事。[15]

了解知其然和知其所以然，即陈述性知识和程序性知识（能够说清楚和能真正做好）的区别，是教育的基础。[16]今天，美国大多数学校都将陈述性知识置于程序性知识之上。陈述性知识是通过考试来测试的知识，比如，由于美西战争，美国吞并了哪个国家，以及"质心"的定义是什么。标准化测试的内容在很大程度上就是这些问题。[17]然而，程序性知识的重要性在学校中普遍被低估。具有讽刺意味的是，在学校之外的世界里，知道如何做事情通常比知道如何谈论事情更有用。但也许学校对陈述性知识的偏爱是可以理解的，因为在学术界，能够谈论事情（不管你是否能做到）才是最重要的。学校强调的是知识而不是技能，这是约翰·杜威在100年前对学校的评价。他控诉称，在传统课程设计中，"面对众多让人渴望拥有的知识"，学校的目标却是"让学生每年只学习冰山的一角"[18]。"不让一个孩子掉队"论调及高风险标准化考试的批评者，在今天也提出了类似的看法。[19]

当然，对陈述性知识的强调实际上是基于一种对学习的特殊观念：在做一件事情之前你必须要了解这件事。这个想法反过来又是基于一种特殊的思维方式：在解决问题的时候，我们首先要弄清楚哪些抽象规则是我们可以利用的，然后我们再用这些抽象规则解决现有的问题。

然而，如果我们回头看看《埃舍尔世界》玩家的经历，我们就会发现事实并非如此。就像在《数字动物园》里一样，在《埃舍尔世界》里，玩家们会在虚拟世界中尝试做一些事情，从错误中学习，然后才会彻底弄清楚该如何去做这些事。哈莉认识了圆的半径、角的大小及弧长之间的关系，在此基础上她完成了爆炸负空间的设计，虽然她经历了最初的失败。结果是，她能够更好地解答教科书中的数学问题，比如梅勒妮正在研究的那个问题。

为了设计出爆炸负空间，哈莉在游戏中使用了一项特殊技巧——一对一评图，她一而再地向专家求助。在一对一评图、设计总结和设计评论过程中，设计者会与他人谈论自己的作品，仔细观察作品，对彼此的设计提出建设性、批评性的意见。

然而，比学会一对一评图更重要的是，哈莉和娜塔莉可以将游戏中学到的技能运用在学业上。娜塔莉在解释自己为什么能够在游戏之后做到门门课拿A时说，部分原因在于她学会了与老师交流。她对朋友说，如果注意设计的细节，设计会变得很有趣。之前，她一直不敢在公共场合发言，但在游戏中，她必须在评委面前展示和介绍自己的作品，这使得如今的她"在公开演讲时很大声，每一个词都能说清楚，再也没有吐词不清、结结巴巴"。

娜塔莉学习到的设计技能，对她积极参与所有课程起到了帮助作用。正如发展心理学家巴里·齐默尔曼和蒂莫西·克利瑞所认为的，一般来说，一个人如果知道自己擅长做什么事情，那么这个人在擅长的事务方面累计下来的个人经验能帮助他更好地获得个人成就感。而当这种感觉与用来解决实际问题的技能挂钩时，它就成了学术成就和未来成功的重要组成部分。[20]

在《数字动物园》中，我们看到知识的存在，因为它在以特定方式解决问题，在以特定方式看待世界的过程中，知识实现了传递。在娜塔莉身上，知识、技能和认识论能够发挥作用，是因为它们是互相协调的。游戏之后，娜塔莉参与课堂的方式发生了变化，与朋友和老师谈论学术问题的方式也发生了变化，而这种变化建立在掌握数学和设计学的概念和术语的基础之上。

但是并非知其所以然比知其然好，娜塔莉在游戏中培养了自己的技能，同时掌握了知识，这两者相辅相成，并且两者都与娜塔莉与日俱增的从设计师角度出发观察世界的能力相关。在现实世界中，技能、知识和认识论是相互协调的。拥有设计师的思维方式或者说创新的思维方式，意味着把知其然和知其所以然联系起来，使两者共同服务于提出问题以及给出解决方案。

舍恩的故事

专业人员与专业人员

根据定义，创新就是非标准化。这就是对孤立知识点的标准化考试以及让我们参与标准化考试的学校课程并不能帮助我们获得创新思维的原因。我们当然知道，今天我们美国的教育模式并没有让我们在创新方面保持领先，举例来说，在过去的三十年里，美国发表的所有科研论文和取得的专利在全世界所占百分比都在下降。[21]

虽然创新工作不能被标准化，但从事创新工作的人并不是简单地"在做他们想做的事情"。从一百年前的哲学家约翰·杜威到今天的心理学家霍华德·加德纳，教育工作者们都知道创新并不是凭空产生的。[22]广告公司高管欧内斯特·琼斯曾经在克兰布鲁克艺术学院有关培养创新人才的演讲中说："不为公众服务的创新不过是自我满足。"[23]解决世界上重大问题的创新方案，几乎总是由以类似方式解决类似问题的一群人提出的。创造力是一种对话，是个人和个人所属群体之间的对话。

人类学家克劳德·列维－斯特劳斯认为，西方关于个人创造力的观点是一个神话，即使在艺术领域也是如此。[24]艺术家的工作总是与其他工作相关，创新不会孤立地发生。根据定义，创新必须具备两个特征——新颖和与众不同，相对于某些事物新颖和与众不同。但是，创新的想法也不能新颖和与众不同到无法辨认，无法加以使用的地步。正如发明家雅各布·拉比诺所说："你不能只想到好主意……要想定义什么是美，你必须首先向经验丰富的人咨询，他们必须要能鉴别这种形式的艺术，要见多识广。如果这些人说这个艺术很出色、这个音乐很出色、这个发明很出色，你才能说它很出色。……拥有创造力的人往往接受过良好的训练。"心理学家米哈里·奇克森米哈伊认为，"要想拥有创造力，必须将使创造成为可能的整个系统内化"，这个系统既包括个人所在领域的专业知识，还包括同一领域其他人员的专业判断。[25]

加德纳的研究表明，在青春期孩子们会变得更具社会意识，评判能力更强，对自己的能力更具判断力。当你问一群幼儿园小朋友，谁能跳舞，谁能唱歌，谁能画画时，他们都会举起手来。但是到了中学，学生们开始意识到他们所具有的创造力是根据外部标准来判断的。所以他们开始以新的、更苛刻的方式来评价自己。结果，他们往往开始感到力不从心，甚至对自己的创造力感到气馁。因此，专业技能的重要性不言而喻，它鼓励着年轻人继续坚守在创新性和技术性领域。[26]

用"专业"这个词来描述创造力似乎有些奇怪，因为当我们想到专业人员时，我们往往会联想到白领，包括药剂师、律师、建筑师、工程师、会计师等。但是这些专业人员之所以是专业人员的原因不在于他们上班时穿着西装，打着领带，不在于他们属于美国医学协会或是电气和电子工程师协会。专业人员从事的是不易被标准化的工作，他们要站在专业领域的最前沿不断迎接挑战。专业人员所处理的问题往往都带有不确定性，因此他们需要根据情况做出判断和决定。对专业人员来说，没有两个问题是一模一样的，也没有一套规则或常规流程可以告诉一个真正的专业人员下一步该做什么。对木匠、对移植外科医生来说，情况都是如此。[27]

从这个定义来看，很多专业人员在他们的工作中表现得并不特别专业，因为他们只是在不停地重复相同的工作内容。与此同时，如果工厂的工人（我们通常认为工人是标准化工作者的典型）对自己的工作展开创新思考，那么他们也可以是专业人员。全面质量管理的原则强调公司在运营的各个层面上都要不断进行改进，专注于生产线工人的工作质量，给他们时间发现制造过程中出现的问题，然后确定可能的解决方案。[28]人类学家迈克·罗斯对其所说的"女服务员和焊工的智慧以及装配线工人的策略"进行了深入研究。[29]结果发现，工作头衔、学位证书、着装规范都不能代表专业水准，真正的专业水准指的是一种精神状态和工作方式。

换句话说，在全球经济中有着举足轻重地位的"创新"，总是要求人们能够理解世界上事物的运作原理。如果创新意味着打破框架的束缚，那么要成为一名创新人才，就必须先了解框架的存在。在充斥高科技的全球化世界里，即使是在框架内思考也需要创造力。

在行动中反思

20 世纪 80 年代，唐纳德·舍恩详细研究了专业人员的学习和工作方式。他主要研究传统意义上的专业人员，但他发现，任何人都能在没有明确指导方针的复杂情况下做出决定，也就是说，任何人都有一套专业的思维和工作方式。

舍恩认为，专业精神实际上是一种特殊的思维和行为方式，他将这种特殊的思维和行为方式描述为"在行动中反思"，"这是一种将反思和行动相结合的能力……一种检验理解力和鉴赏力的能力"。[30]在行动中反思的能力是一种同时进行思考和工作的能力，或者更准确地说，是一种不断反思自己正在做的事情的能力。舍恩将行动中的反思与行动后的反思进行对比。当一个人通过回顾已经完成的任务或过程来认识自己行为产生的影响和后果时，行动后的反思就发生了。行动中的反思发生在决策和行动仍能够影响手头情况的时间范围之内，行动后的反思发生在行动完成后。

当然，这种区别是微妙的，因为决策和行动可能影响事件结果的时间跨度在外科手术或法院审判中只有几分钟，但在社区重建计划的建筑设计过程或建构过程中可能会延续数周或数月。因此，在行动中反思的速度取决于特定实践的节奏，但无论是在几分钟还是几个月内发生，在行动中反思意味着要具备专业人员的思维方式，反之亦然。在行动中反思要将专业技能、知识和认识论相关联，而舍恩的研究向我们展示了在行动中反思的能力是如何在实践中培养起来的，是如何在有机会学习以创新的方式思考和工作，同时培养专业技能、学习知识、掌握认识论的环境下发展起来的。[31]

实 习

实习的基本内容很简单，它意味着一个人在真正成为专业人员之前，首先要学习专业人员做事的方式，然后要与同事和导师讨论事情的进展。有些实习非常正式，比如建筑师工作室和律师事务所的实习。有些人的实习很短暂，比如许多执业护士助理只需接受短时间的培训；而另一些人的实习则会持续很长时间，比如实习医生和住院医师。有些人的实习是在学校中进行的，比如记者和工程师；其他一些人的实习则要等到他们作为新手进入职场后，比如木工或电工。无论具体情况如何，实习都是让新手变成专业人员的一个机会，通过实习，新手还能获得同事和所在领域专家的反馈。

正如我们在牛津工作室和《埃舍尔世界》里所看到的，在设计工作室里，新手们进行了一系列的设计，这一系列的设计构成了一个完整的项目。"行动"和"在行动后反思"在整个设计过程中不断重复和循环。我们都知道，设计工作室的主要工作机制就是一对一评图。一对一评图是一道正式的程序，甚至可以说是一种仪式，学习研究领域的术语叫"参与结构"，目的是在行动后反思。[32]在工作室中，学生的设计会被展示给所有班级成员，之后其他同学和专家会在设计评审和设计评论中对作品提出问题，并进行讨论。这又是一道正式的程序，即设计实习中的行动后反思。在工程实习中，行动后反思发生在设计顾问会议和客户展示过程。实习医生和住院医师的行动后反思则发生在查房和会诊过程中。

以上这些"行动后的反思"，实际上就是同伴和导师帮助新手成长的方式，同伴和导师会将新手必须掌握但目前还不具备的知识和技能通过这种方式传授给他们。行动后反思能让新手从更有经验的人那里获得帮助，以完成更复杂的工作。从这个意义上说，专业实践中的"行动后反思"创造出了发展心理学家利维·维果斯基所提到的最近发展区。[33]

内　化

最近发展区的概念并不是特别复杂，但它是新手成长为专业人员过程的核心。事实上，它也是世界上大多数重要学习过程的核心。最近发展区涵盖了不能单独完成，但是能够借助他人帮助完成的所有事情。例如，现在，我的大女儿学会了两位数乘以个位数的乘法（比方说，21×7），但是她还不会三位数的乘法（比方说，621×434）。同时，她可以解含有单个未知数的简单数学单项式（$4 + A = 8$），但她还不会解复杂的多项式（$x^2 + 4x + 4 = 0$）。对她来说，621×434 和 $x^2 + 4x + 4 = 0$ 的区别在于，她可以在别人的帮助下完成三位数的乘法运算，她可能会搞错计算的中间步骤（$4 \times 600 + 4 \times 20 + 4 \times 1 + 30 \times 600 \cdots\cdots$），但是通过一些提示，比如图解提示，她就能把步骤弄清楚并解决问题。然而，不管她得到多少帮助，她仍然无法解出上文中的多项式。当然，她可以写下别人提示她的第一步，但是在完成第一步之后，她还是会迷惑不解，如果没有人告诉她下一步怎么做，她就束手无策了。换句话说，三位数的乘法在她的最近发展区，但是简单的乘法（21×7）和多项式不在她的最近发展区。简单的乘法太容易，她可以自己解决；而多项式太难，即使有别人的帮助她也解不了。

维果斯基在定义最近发展区时提出了两个相关要点。首先，也是最令人沮丧的一点是，他认为最近发展区会让传统的考试（比如当下大行其道的标准化考试）具有相当大的误导性。举例来说，假设有两名高中生，他们都在学术能力评估测试（SAT）的口语部分得到了500分。想象一下，我们可以让这两位学生考同样的题目，但让别人（也许是老师）帮助他们作答。现在一个学生得了800分，而另一个只有600分，你更愿意录取哪一个学生上大学或是雇佣哪个学生工作？当然，你可能会反驳说，只要老师告诉他们答案，两个学生都能得800分。但这正是关键所在，这种测试无法对可能最为重要的一点——接下来这个人有能力学习什么内容，进行衡量。

维果斯基认为，最近发展区涵盖的是我们已经准备好要学习的内容。我们的学习方式是借别人的帮助来做事，然后逐步内化这个过程。一开始我们解决问题的方式是借助外在的力量明确做事的步骤，后来我们开始内化这个过程，逐步开始依靠自己。首先，我们可以尝试独立来做，但是我们仍然需要把事情"说一遍"。我们都知道，当我们试图搞清楚一些事情的时候，有时候我们会突然大声地自言自语起来，这多少会让人感觉有点愚蠢。当我还是本科生时，我经常在图书馆里待上好几个小时写学期论文，在写论文的时候我就会自言自语，而我的女儿现在仍然需要大声把数字说出来才能计算两位数的加法。后来，我们就学会了在脑海里把这些过程都默默地过一遍，我女儿在做个位数和两位数的加法时就不再把数字大声念出来。在某种程度上，当我们变得真正擅长解决某种问题的时候，我们甚至都不知道我们是怎么做到的。我女儿不知道她是怎么知道2+3=5的，但是她就是知道2+3=5。

内化的意思是把别人的东西变成自己的。自己帮助自己，或者更准确地说，让曾经帮助过我们的人进入我们的内心。这就是为什么当我们意识到我们对孩子说的话正是我们的父母曾经对我们说过的话时，我们都会有片刻的恐惧。我们头脑中的小小声音曾经是我们头脑之外的真实声音。最近发展区能帮助我们认识我们当下所处的位置，通过观察最近发展区的情况，我们就能明白该如何做好当下的事。

迭代反复

创新专业人员能够通过不断超越自己的能力极限来找到复杂问题的创造性解决方案。这就是真正的专业人员总是在不断地挑战自己能力的极限的原因。这是他们在工作中不断学习和成长的方式。[34]这种成长方式是专业人员在专业实践过程,即自行研究问题并与同事和导师讨论问题的过程中学会的。也就是说,专业人员是通过反复"行动"和"行动后反思"来学习的。随着两者不断地重复,每次的循环迭代都将行动和反思愈发紧密地联系在一起,直到"行动后反思"被内化为创新专业人员个人的"行动中反思"。

这就是真正的专业人员喜欢陷入困境的原因,他们喜欢有挑战性的问题,这些问题能够拓宽他们的视野,扩展他们的能力。正是由于陷入困境、摆脱困境这一过程,专业人员才有机会学会更多新的东西。他们通过一遍又一遍的被困和解困,通过同伴和导师的帮助,在实践中学习到了创新思维技能和知识。这个过程把对设计步骤的公开谈论转化成了个人的内心对话,这就是哈莉和娜塔莉以及其他玩家在《埃舍尔世界》里所做的事情,也是设计专业学生在牛津工作室里所做的事情。

但是,专业人员在实践中培养的创新技能、获得的创新知识,并不是某种普遍或通用的创新技能和知识。牛津工作室所开展的并不是泛泛的创新培训,它开展的是针对某种特定专业的创新培训。牛津工作室和所有其他实习基地一样,其功能是帮助学生成为以特定方式思考问题的人。在这个案例中,学生们因为学会了设计人员的思维方式而成为设计人员。

建筑理念

牛津工作室与大多数设计工作室一样,为了帮助学生学习建筑相关的认识论,创建了由一对一评图和作品公开展示引导的重复迭代的设计过程,设计理念反映了学生对建筑问题的个人理解。导师和参加评图的老师不断谈到"培养一种态度""培养建筑理念""找到有效的建筑主张""制定战略""选择立场""制定标准"的必要性。也就是说,需要找到一个基本思想或理念,以此来统领设计问题解决方案的研发过程。

学生们面对的设计挑战,有无穷多个潜在的解决方案。他们的任务是开发出一种独特的解决方案,充分理解该方案,用文字、图表和模型来说明自己选择的解决方案如何满足初始问题的要求。学生们的理念是他们自己选择的结果，只要他们能在一对一评图的帮助下，持续以该理念为基础来进行设计，并且能够在其他建筑专业人士面前成功地为自己的设计原理进行答辩就行。正如一位教授向学生所解释的："一切由你掌控，你的设计可以选择任意尺寸。但是之后我会问你'为什么你会选择这个尺寸'，你就要告诉我'因为这个尺寸才符合我的设计理念'，然后你就需要阐述你的设计理念。"

牛津工作室中的"行动"和"行动后反思"是围绕培养学生的技能、增加他们的知识，以开发并阐述创新解决方案而展开的。《埃舍尔世界》的玩家能够培养自己的设计技能，学习设计知识和设计认识论，而且能将学习到的东西运用到游戏之外的生活和学习中，因为这款游戏本身就是以实践为基础，而实践的目的就是为了确保学生能将在游戏中学习到的东西运用到游戏之外。

陷入困境

当然，现在世界上有很多人在应对复杂的情况时，都有一套早就准备好的方案，这些人包括受雇写作低质量速成文稿的新闻工作者、为每个委托人拟定相同遗嘱的律师、在没有仔细审查的情况下就给设计图盖章的工程师、只会推送一种表格的社会工作者、只会安装一种柜子的木匠、除了阅读手册什么也做不了的技术支持人员、不知道如何向司机指路的收费站服务员。不管他们的职位如何，从"专业"这个词的意义和重要性来看，这些人没有一个是专业人员。真正的专业人员是创新者，而认知游戏能让玩家有意识地识别和学习真正的专业人员拥有的技能、知识和认识论，模仿他们的行为和思维方式。认知游戏实际上模仿了专业人员在接受专业培训时找到创新解决方案的方式，即先陷入困境，然后借助同伴和导师的帮忙摆脱困境。

现在，说专业人员喜欢陷入困境听起来很奇怪，但这是事实，并且它还引出了一个关键问题：是什么让人想陷入困境然后摆脱困境？这就引出了价值观问题。在下一章，我们将讨论另一种认知游戏。

写给家长、老师和导师的话

虽然《埃舍尔世界》还不是一款市面上能买到的游戏，但《几何画板》是商业产品，并且在出版商的网站上有相应的课程和习题，它们向玩家提供了充满挑战和刺激性的问题和活动。无论是在家里、学校还是在校外，玩家都可以学习这些课程，做上面的习题。

有些商业游戏同样包含了富有价值的现实社会技能。一个有趣的例子是《过山车大亨》。这是一款让玩家设计和运营游乐园的游戏(通过附加模块,玩家还可以建造水上公园、主题公园等),该游戏集几种复杂的模拟于一体,包括对游乐设施的物理模拟、对顾客的社交模拟以及对游乐园财务状况的商业模拟。为了让游乐园运营成功,玩家必须掌握一系列复杂技能。设计游乐设施的界面相当复杂,为了让游乐园变成想象中的样子,玩家需要做大量的规划。商业模拟也很复杂,要想把游戏玩好,需要会读损益表、解释图,还要对价格、投资和人员配置做出合理的商业决策。商业模拟还涉及对游乐园工作人员,如维护人员、特许经营者等的安排,他们分别有不同的生产力。要玩得出色,就必须培养自己的管理技能,决定何时给予工作人员奖惩,何时指派培训,何时解雇员工。

然而,《过山车大亨》是否是培养现实社会技能的最佳游戏并不重要,重要的是要能辨别出我们在游戏中能学会哪些技能。

→当你注意到一款游戏时,问自己:玩家在学习做什么?在其他情况下,这些技能还有没有用?想一想玩家在哪些情况下会使用相似技能解决相似问题,讨论这些技能是否存在不适用的情况,如果不适用,原因是什么。

→制定决策非常重要。要学会讨论并明确游戏的战略战术。要学会在游戏中找机会,或者制造机会,对自己的行动进行反思。讨论还有哪些选择以及如何证明和解释自己的行为是合理的。

→你不是所有领域的专家,不同的领域有不同的行动后的反思策略。找到能给你机会教孩子学习技能和知识的游戏,这与期望游戏能帮你教孩子技能和知识不是一回事。

→在谈论游戏时,要明确游戏中的技能是如何与和游戏问题相关的特定思维方式联系在一起的。同时还要思考哪些其他技能或思维方式可能会对解决这个问题有帮助。

→记住,高效人士敢于冒险。我们鼓励冒险,但不要只是为了冒险而冒险。专业人员能够通过反思自己的成功和失败来学习创新思维。

第四章　价值观：《潘多拉行动》

本章主要聚焦于专业实践的价值，聚焦于为何像专业人员一样思考和工作就意味着关心专业人员关心的事情，以及为何学会专业人员的思维方式就意味着学会重视专业人员认为重要、有意思以及有意义的事情。

本章从一款认知游戏《潘多拉行动》开始。这款游戏是由我和哈佛大学的研究团队共同研发的，团队成员包括克里斯·斯科宾奇、克里斯·布拉奥塔以及维多利亚·马丁斯。[1]在游戏中，玩家的身份是拥有很大权力的谈判人员，他们会决定一项新的生物医学突破性成果的命运。在此过程中，玩家们能学到有关生物、国际关系以及矛盾调解的知识。

这款游戏的灵感来自真实的医学争论——对"将动物器官移植到人体中"的伦理学争论。在一段简短的关于异种器官移植的科学论述之后，本章描写了一班高中生体验这款游戏的情况。研究表明，这款认知游戏促使青少年获得了在数字时代取得成功所必需的技能、知识和价值观。

猪和人

X-Gen 是一家全球领先的制药公司，总部设在斯文多尼亚共和国。公司的研究员十多年来潜心工作，竭尽全力让异种移植（将一个物种的器官移植到另一个物种身上）成为可能。昨天，X-Gen 的科学家宣布，他们准备在首都赫高波利斯的研究中心开始异种移植的人体临床试验。

这一消息在科学界和医学界引起了轩然大波。支持者认为它终结移植器官匮乏的情况，因为饱受晚期器官衰竭痛苦的患者需要进行器官移植才能生存。而反对者认为，异种移植会造成很多潜在的问题。X-Gen 研究人员计划将猪的器官移植到人体上，但是这种移植存在一个致命的潜在危险：活跃在猪身上的病毒会感染人类受体，受体又会将病毒传染给其他人，导致传染病暴发。对于科学界来说，这显然是个潜在的风险。没有人知道这种可能性有多大。

《潘多拉行动》就是建立在这样的背景上。无论是斯文多尼亚的科学家还是现实世界的科学家都无法确定异种移植造成传染病全球大流行的可怕情景是否会出现。X-Gen 公司和斯文多尼亚这个国家在现实中并不存在，但是器官捐赠者的匮乏以及疾病的跨物种传播是确实存在的。在美国，每年都会有6 000多人在等待移植器官的过程中死亡。异种移植能够提供急需的移植器官，但是有很多明显的伦理顾虑。动物只有牺牲自己才能把器官提供给人类患者。并且，这些动物在活着的时候会被隔离在无菌的环境中。一些人说，这样对待动物的方式是极其残酷的，特别是对群居动物，比如灵长类动物和猪来说。[2]

我们知道，病毒从动物身上转移到人类身上是可能的。这种现象近些年已经发生了，比如非典型肺炎和禽流感，它们的传播甚至都不需要建立在异种器官移植条件上（受体需要使用药物来抑制免疫系统，以避免器官排斥）。最近的非典型肺炎造成了 750 多人死亡，全世界范围内有 20 多个国家出现了疫情。截至 2006 年 1 月，最近爆发的禽流感虽然只造成了 5 个国家 85 人死亡，但是死亡率超过 50%。还有，现在人们普遍认为，自 1981 年以来夺去了约 2 500万条生命的导致艾滋病的 HIV 病毒，是来自黑猩猩身上的类似病毒。[3]无论如何，异种移植都是关乎生死的重大决定。

尽管存在这些非常现实的问题，异种移植科学的发展仍在继续。2001 年，梵蒂冈的宗座生命科学院宣布不反对将动物器官移植给人类。美国食品和药物管理局（FDA）对美国的异种移植进行监管，并制定了异种移植临床试验的指导方针。2004 年，世界卫生组织出台有关人类器官和组织移植的决议，允许在由国家卫生局监管的有效的控制和监督机制下进行异种移植。[4]

全球化并不仅仅涵盖商品贸易和服务贸易，在艾滋病、非典型肺炎以及禽流感肆虐的时代，要成为一个见多识广的公民，就意味着要学会对复杂的、以科学为基础的公众卫生问题做出回答。在全球经济中，具备创新思维意味着要学会对新发明和创新解决方案的风险和回报进行评估。[5]而《潘多拉行动》就是旨在帮助玩家培养此项技能的一款认知游戏。

异种移植科学

要理解异种移植的风险和益处，就得了解遗传学、流行病学和免疫生物学的相关知识；就得明白，人类免疫系统能使用抗原——一种能识别细胞是否属于身体的蛋白质，保护身体免受潜在有害微生物及癌细胞的伤害。当察觉到有外来抗原入侵时，身体就会出现免疫反应。吞噬细胞，即通常所称的白细胞，会在抗菌蛋白的帮助下，包围、吸收、消灭外来细胞。

了解人类免疫系统的运作机制对于理解异种移植来说非常重要，因为任何移植器官，无论是来自人类还是动物的，对人体来说都属于外来物质，人体的自然防御机制会排斥它。在移植之前，需要测定捐赠者器官的类型，抗原要尽可能与受体的抗原相匹配，但是仍需用药物来阻止受体的免疫系统攻击移植器官。这些免疫抑制药物使得器官移植的受体更容易感冒，或是染上流感及其他人群传染疾病。更加令人担忧的是，如果捐赠者的器官携带一种未被发现的病毒或细菌，那受体被抑制的免疫系统几乎不可能击退它。

所以，如果可行的话，异种移植可能比人体器官捐献更加安全，毕竟动物可以在完全无菌的环境下饲养。通过在细胞上培养与宿主匹配的特定抗原组合，动物器官的遗传基因可以尽可能地与受体相匹配。也许最重要的是，由于不同物种基因不同，它们往往会受到不同病毒的影响，所以使猪生病的病毒通常对人影响很小或者没有影响，反之亦然。

但是这其中还是会有一些麻烦。异种移植特别危险之处在于，对猪或其他供体动物无害的病毒或细菌可能会被引到人类宿主身上。免疫抑制药物会使宿主成为病毒和细菌的绝佳繁殖地。宿主几乎没有能力对抗新的病毒或细菌，它们可以自由繁殖，或许还会变异成一种能够导致人类罹患疾病的形态。事实上，它们不仅可以感染人类宿主，还可以直接从一个人传染到另一个人，而不需要依靠器官移植进行传播，其结果可能是全球传染病大暴发。

要理解异种移植的成本、收益和风险，必须了解它背后的科学原理。但是，对异种移植进行评估意味着要正视实施这种新技术带来的道德困境。异种移植需要对在无菌条件下饲养的转基因动物进行仔细的繁育和维护，成本极高。研究异种移植所花的每一分钱，都无法用于寻找更为低廉的治疗方案或是用于公共卫生设施的建设。研究这项技术所花的钱，也无法被用来寻找其他解决器官供体短缺问题的办法或用于治疗其他疾病。如果这一技术取得成功，受益的主要是来自富裕国家的患者。如果疫情暴发，受害最严重的会是那些缺乏足够医疗保障，或是没有基础设施来提供大范围公共卫生保障以防止新疾病传播的国家。即使是富裕国家，这一技术也只会惠及个人，而风险却由所有人承担。那么应该由谁来判定冒这个风险是否值得呢？

互利共赢式谈判

当异种移植研究人员想与人类患者合作开展研究时,科学将对是否能合作、怎样合作产生重要影响。但是任何决定最后都会通过谈判来达成,决策将由利益方在反复争论后共同制定,以对美国食品及药物管理局和其他国家的类似机构施加影响。这一过程的核心是各个利益方,包括开发这一技术的生物技术公司、世界卫生组织和其他非政府组织、动物福利组织、患者权益组织、医疗协会等,派出代表表达自己的利益需求。擅长谈判、调解和解决争端的谈判人员会担任上述利益集团的代表。

在《潘多拉行动》中,玩家扮演的是斯文多尼亚对异种移植感兴趣的各利益集团的谈判者。该游戏以哈佛大学谈判课程对专业谈判人员的训练为模板。

哈佛大学的谈判课程强调了一种特殊的谈判思维方式,即所谓的互利共赢的方式,罗杰·费舍尔和威廉·尤里在《谈判力》(Getting to Yes)一书中对其进行了论述。[6]互利共赢的方式不像其他谈判策略强调让谈判对手从生理上感觉不舒服(比如让对方坐在光线会照到他们脸上的位置),或是让你和你的谈判小组成员一个唱红脸一个唱白脸,它承认不同利益方的观点,并在此基础上通过协商达成一致。在这种方式中没有哪一方是必然正确或错误的。相反,谈判的目的是协调各方,以满足争端中所有利益方的需求。

这种谈判被称为"互利共赢式谈判",是因为它的目的是为各利益群体寻求跨越分歧的方式,也就是说,双方都要放弃一些不太重要的东西以得到他们更为重视的东西。要做到这一点,双方的谈判代表应聚焦于参与问题的各方,了解他们的需求,分析不同的解决方案对各方的合法利益有何影响。谈判人员需要进行冲突评估,对争论中的不同问题,以及不同利益方在这些问题上的立场进行系统分析。冲突评估的一个目的是确定对每个利益方最佳的谈判协议替代方案。如果谈判失败,该次谈判将以最佳替代方案告终。对于任何一个利益方来说,谈判协议必须比最佳替代方案更易接受,否则,利益方不如退出谈判。

在冲突评估中,谈判人员游走于不同的利益方之间,在争端中寻找一个比各方的最佳替代方案更好的方案来结束谈判。当然,如果不止一个方案可行,谈判代表就会设法找到对自己一方最有利的安排。

换句话说,互利共赢式谈判人员是专门为复杂的社会、经济和人际冲突寻找创新解决方案的专业人员。他们的职业是有价值的,他们可以运用技能和知识处理一些有争议的问题，比如异种移植的临床试验问题。

达成一致

要了解《潘多拉行动》中异种移植的情况，玩家需要像谈判人员一样思考。玩家需要掌握最佳替代方案、冲突评估以及互利共赢式谈判的其他概念等专业知识。玩家需要运用这些工具来跨越分歧，而跨越分歧是互利共赢式谈判的关键技能。玩家需要形成互惠互利的视角，从合法利益冲突和解决争端的角度来看待分歧，把互利共赢式谈判作为协调不同利益的方式，以满足争端中各方的需求，也就是说，玩家需要有谈判人员的思维方式。

与大多数专业人士一样，谈判人员也是通过实践来学习的。互利共赢式谈判以模拟谈判为基础，在模拟谈判中，受训者在虚构争端中扮演利益相关者的角色，谈判结束后要汇报自己的谈判过程。在模拟谈判中，受训者要明确争端中的关键问题，并为每个问题制订一套可能的解决方案。例如，在煤矿工人工会和煤矿老板之间的合同谈判中，退休福利和裁员可能是争端所在。在裁员方面可能出现的情况是，公司想什么时候裁员就什么时候裁员，只裁掉最近才聘用的员工或是一个员工都不裁。在退休福利方面可能出现的情况是，维持现有的养老金计划，仅对现有雇员继续执行养老金计划，或是彻底取消养老金计划。

代表争端的利益相关者的玩家会在做出每项选择后获得一个秘密分数，这个分数代表了该选择对利益方的价值。每个利益方的效用分数都不同。在煤矿工人的合同谈判中，如果可以随意解雇员工，公司就可以得100分；如果放弃解雇权，公司就会损失100分。临时裁员是这家公司应对煤炭价格季节性波动的一种方式。如果合同保护工人免于失业，工会能得75分；但如果工会主要关心的是保护其资深员工的利益，只要是先解雇新员工，公司就可以保留解雇权的话，那么工会就会损失20分。换句话说，在这种情况下，公司比工会更关心裁员，这一点可以从在裁员问题上公司的效用分数比工会的效用分数更多反映出来。

与此同时，工会可能比公司更关心养老金。这一点也可以从与公司相比，工会在养老金的选择上的效用分数高得多反映出来。如此一来，双方就有可能跨越差异，达成共识。如果工会同意了公司的裁员计划，那么公司就可以满足工会的养老金要求，双方的收益都大于损失，就有可能达成一个双方都可以接受的协议。

换句话说，每个利益方会因有关争端问题的一系列不同的结果而得到或失去一定的效用分数。在利益方跨越争端寻求交易的过程中谈判便发生了，目的是寻找一套能让所有参与者都满意的方案。谈判人员会尽力促成利益各方达成协议，该协议与最佳替代协议（也用效用分数表示）相比，会使利益各方获得更高的分数，使大家都满意。

当然，这一过程竞争激烈，因为每一方的目标都是通过谈判达成使自己的效用分数最大化的协议，即便这意味着（通常情况下）会降低其他利益方的分数。

谈判人员要通过进行冲突分析来为谈判做准备。每个利益方都只知道自己一方的效用分数，不知道其他利益方的分数，所以制定谈判策略需要调查其他利益方的意愿和需求。谈判结束后，要向专家汇报，讨论他们的策略哪些有效哪些无效，谈判人员会尽力从互利共赢的角度来认识谈判过程。

斯文多尼亚医疗法规，第 227 部分

《潘多拉行动》以互利共赢式谈判实践为模型，进行关于异种移植的模拟谈判。谈判背景是 X-Gen 公司向斯文多尼亚共和国的国家政府提交了一份有关异种移植临床试验许可的 227（e）申请。根据斯文多尼亚的法律，异种移植属于五级医疗程序，五级医疗程序的定义是"对人类健康发挥重要作用，但同时存在潜在疾病或伤害风险的设备和程序"。考虑到其安全性，异种移植被归在这一级别。

其实国家政府希望看到异种移植取得进展，然而一旦批准临床试验，政府就会面临异种移植的安全性、公众舆论的压力和国际社会的反应等一系列问题。于是政府要求利益各方的代表会面，对开展临床试验的条件进行限定。然而，谈判进行了好几个月依旧没有进展。X-Gen 对这一过程花费太多时间表示担忧，于是威胁要对政府提起诉讼，理由是政府故意拖延监管批准程序。政府希望这一问题能够得到解决，但如果不先解决悬而未决的问题，政府不会批准异种移植的临床试验。因此，政府的代表要求各利益方的首席谈判代表进行最后一次会面，努力达成协议。如果这次谈判失败，政府将拒绝批准这项试验，X-Gen 将不得不考虑是否向法庭提起诉讼。

出席谈判的五个利益相关机构名单如下：

1. X-Gen：X-Gen 的医学专家和研究人员确信，经过数十年的苦心钻研，他们为异种移植临床试验打下了坚实的基础。
2. 患者权益组织（PRO）：该组织关心患者的福利，并且了解

异种移植将使正在接受透析或呼吸机治疗的患者和移植等候名单上的患者受益。

3. 世界卫生组织（WHO）：世界卫生组织特别关注国际公平问题。传染病的风险由整个世界承担，但是只有那些能够负担得起异种移植的国家才会从中获益。

4. 斯文多尼亚国家政府：斯文多尼亚的新药和新的医疗程序须经政府监管机构对健康和安全进行考量以后批准。但是异种移植将在多大程度上引发人们对安全的担忧却很难估量。政府愿意看到异种移植带来的好处，但不会以牺牲公共福利为代价。

5. 动物权利联盟（ARC）：ARC 是一个动物权利组织的联盟，它反对用动物进行研究。联盟意识到，在当前的国家环境中，完全禁止动物研究是不可能的，但是希望限制动物研究所产生的影响。

与会者考虑的问题覆盖了异种移植的很多关键性问题以及人们所担忧的问题：受体是否应该被隔离或者终生接受定期体检和组织抽样检查？如果出现了问题，那出现什么样的结果就表明异种移植应当被终止？X-Gen 该为可能爆发的疫情承担责任吗？动物供体应该生活在什么样的环境中？X-Gen 和斯文多尼亚国家政府是否会对发展中国家的公共卫生事业提供资助，以便这些国家在疫情暴发时能够做出应对？发展中国家公民的异种移植费用是否会得到补贴？X-Gen 和政府是否应该为研发捐赠器官短缺问题的低成本解决方案提供研究资金，是否应为大范围的公共卫生项目提供研究资金以降低流行病的发病率？

政府急于看到会议的结果，并希望会上能达成一致意见。然而只要谈判桌前五个利益相关方中的四个能达成协议，政府就愿意接受，前提是 X-Gen 和政府都同意这一协议。

谈判开始。

"猪，猪，猪"

为了解年轻人玩这种根据专业谈判培训开发的游戏时的情况，我们对一个班的 14 名高中生进行了研究。这 14 名高中生花了两周，共计 9 小时的课堂时间来玩这个游戏。他们是马萨诸塞州一所私立学校的伦理学课程的学生，该课程的老师决定将这个游戏作为课程的内容之一。[7]

在这项研究中，玩家每天都会在线上写日记。我们在游戏前后对玩家进行了采访,在采访中,玩家讲述了自己对异种移植和生物技术的看法,并且完成了关于异种移植的思维导图,导图以图表的形式反映了他们对问题以及相关利益方的理解。玩家还回答了其他一些问题,向他们提问的目的是了解他们是否会用游戏中学到的理念来解决游戏之外的问题。之后我们向玩家了解了他们对游戏的看法,比如游戏的哪个部分还不错,哪些部分还不够好。

游戏一开始是对异种移植问题的一段多媒体介绍,这是一段过场动画,对即将开始的游戏进行概述。玩家3人一组,扮演不同利益方的角色,花了几个课时进行冲突评估,还利用游戏中的互联网链接研究了自己及其他利益方在异种移植问题上的立场,搜集了遗传学、流行病学和细胞生物学方面的资料来捍卫自己的立场。每个利益方都会在研究的基础上对争论的问题进行排序,并给每个问题制定可供选择的解决方案。根据排序,游戏为每个角色分配了效用分数。然后,玩家5人一组,每个玩家代表一个利益方参与一次谈判。谈判持续三天。最后,游戏以与谈判实践相同的汇报程序作结。

换句话说,这个游戏对谈判实践中的行为和行为后的反思进行了模拟。

技能和知识

以专业谈判训练为基础的游戏帮助玩家提高了谈判技能,这并不令人意外。在游戏中,玩家需要进行冲突评估,以了解争端各方的立场,这就意味着玩家要收集、阅读和理解有关争论的详细信息。正如一位玩家所解释的:

> 我阅读了大量的法律文件,深入了解了异种移植患者和政府以及他们的立场。

找到资料之后,接下来,玩家就需要明确利益方在这些问题上的立场。同样重要的是,玩家需要弄明白其他玩家代表的利益方会采取哪些行动。一位玩家这样说道:

> 我们在每一场谈判的前一晚都会碰头。我们要把所有事情都搞清楚,搞清楚我们对每个问题的看法。我们在第一天晚上花了两个小时来开会,对每个观点和每个选择都加以讨论和推理,猜测哪一方会支持哪个观点。

当然,做准备不是谈判技巧的全部,互利共赢式谈判关注的是问题而不是策略，关注的是保持冷静，谈判要以利益而不是情感为基础。与训练专业谈判人员的模拟谈判一样，《潘多拉行动》的核心内容——谈判，同样要求遵守纪律。一位玩家说：

> 我们的小组有时争论得很激烈，但是当我感到烦躁时，我会尽量保持冷静。保持冷静真的很重要，因为一旦提高音量，对方就会被激怒，就开始自卫。而一旦开始自卫，就不会妥协，就会保护自己。于是，谈判就会徒劳无功。

换句话说，在游戏中，玩家会培养互利共赢的谈判技巧，这就意味着会学习与专业实践相关的知识，在这个案例中，就是有关异种移植的知识。

一位玩家在谈到自己从《潘多拉行动》中学到了什么时说，以前她对异种移植知之甚少，而且在玩游戏之前，她天真地认为科学技术的进步总是有益的。她说：

> 我不知道异种移植是什么，也不知道它会给人类带来什么样的影响。所以我认为，游戏确实让我意识到了公众和科学技术之间的冲突，还认识到了这样的冲突会给人类带来什么样的影响。过去我总是认为科学家无论做什么都会让世界变得更美好，但是我从来没有想过科学会给地球、给整个人类带来什么样的影响，所以我认为这个游戏让我更加清醒了。

总的来说，本项研究中91%的游戏玩家都改变了自己对异种移植的看法。他们表示，在玩完游戏之后自己对异种移植的认识更深入了。

我们可以通过让玩家完成包含异种移植的相关问题和相关人员，以及问题和人员之间的相互关系的思维导图来判断他们对异种移植的看法是否变得更加复杂。玩家在游戏之前以及游戏结束两周后分别绘制了一幅思维导图，游戏之后绘制的思维导图涉及的人和问题更多，较之以前，图中人和问题之间的联系多了45%。[8]

在分析游戏前后思维导图的不同之处时，一位玩家向我们讲述了他对异种移植的思考是如何变得更加深入的：

> 当我第一次玩这个游戏的时候，我只是简单指出了一些明显的联

系,比如患者和政府补贴之间的联系……我没有真正地去寻找某些群体之间可能存在的更加复杂的关系,或是了解一件事是如何与另一件事相关联的。

在《潘多拉行动》中,玩家了解了谈判的过程,了解了异种移植和生物伦理学。如同我们在其他认知游戏中所看到的,玩家学到的新知识不会被遗忘,因为正如一名玩家所说,他们实际上会将学到的知识应用到生活中。

通过书本,我可能会学到异种移植的定义,认识它的风险、益处,了解移植的程序以及一大堆数据。但是在谈判过程中,我的身份是一个活生生的人,这才是真正重要的。你可以通过阅读了解所有程序和预期的结果,但是只有亲身经历,你才能看到它的真面目,才能真真正正知道它是如何运作的。

认识论

在《潘多拉行动》中将谈判技巧和有关谈判和异种移植的知识相结合的,是有关谈判的认识论,包括谈判人员的观点、谈判人员在新形势下提出的问题、谈判人员接受的结果以及谈判人员为自己行为辩护的方式。

在游戏结束之后,为了解玩家是否会延续谈判人员的思维方式,我们转换了情景向玩家提问,让玩家衡量科技对发达国家和发展中国家的不同影响,评估新技术对个人和社会带来的风险,权衡昂贵技术的成本和收益。[9]复杂的科学问题会带来困扰人类的伦理问题,这些情景迁移问题要求玩家基于复杂的科学问题,对虚构的技术突破提出建议。例如,其中一种情景描述了一种用于治疗癌症的新外科技术。对于其他治疗方法都无效的患者来说,这项技术有5%的成功率,但该技术极其昂贵,有些人担心这项技术会使得我们无法将资金用于寻求更便宜、更有效的治疗方法。该情景对玩家提出的问题是,在条件允许的情况下,玩家应该对这种新技术的使用施加何种限制条件。

在游戏开始之前,其中一位玩家认为"当然应该"开发这种技术。这位玩家接着解释道:"它带来了希望,我认为应该更进一步开发这项技术,也许他们应该开发一些成本更低的技术。"请注意,这位玩家的回答非常模糊。带来希望的"它"是什么?另外,该玩家提供的解决方案——成本更低的技术,本质上直接体现了该玩家还是认为应该通过开发更好的技术手段来解决问题。

这位玩家在游戏结束后对相同的问题的观点发生了变化:

我认为医生是正确的，担心钱会浪费在这项研究上确实没有错。但是如果开发这项技术的公司能支付一切费用（但是不能剥夺开发其他技术的资金），我更倾向于让这个方案继续进行下去。因为只有5%的成功概率，所以我更倾向于不向患者提及。因为，最后人们往往非常愿意去尝试这种技术，但是如果人们对情况有更充分的认识，他们可能就不会选择去尝试。

在这里，我们观察到玩家的反应更具体了，他识别出了利益方（医生、公司、患者），还识别出了问题的所在。此外，玩家所提出的解决方案不仅会让技术发展得更好，而且将利益方的顾虑考虑在内。

玩家对情景迁移问题的回答体现出，《潘多拉行动》让他们学会利用专业谈判思维来思考新技术带来的道德困境。玩家们开始分析各方之间的合法利益冲突，专注于理解受问题影响的各方的需求。

换句话说，玩家在异种移植的谈判实践中培养起来的技能、获得的知识和掌握的认识论，可以帮助他们以谈判者的思维方式来思考其他技术困境。

病人布瑞尔

玩家能从《潘多拉行动》中得到很多收获，包括技能、知识以及新的视野。他们之所有能有这么多收获，一个原因在于这个游戏玩起来很有意思。我们采访的一个内容是问玩家喜欢游戏的哪些地方，不喜欢游戏的哪些地方。一位玩家说道："我觉得这个游戏我们玩得很投入，它给了我们动力。"另一个玩家说：

谈判之前的五分钟会议气氛非常紧张，我们都严阵以待，不停地对队友说："你要确保你已经准备好了。""你们都准备好了吗？""如果他们这样做呢？""我们该怎么办？""你知道我们的选择有哪些吗？""你要保证你不会让步！"

还有一位玩家表示："我可不希望谈判的时候别人向我发问，而我一无所知。"

然而，让这款游戏风靡的真正原因是，游戏的乐趣与玩家正在学习的东西直接相关。当游戏结束之后，我们所调查的玩家中有82%说他们想学习更多关于异种移植、基因以及技术问题的知识。一位玩家说：

> 我觉得我非常想继续我们所做的一切。因为真的非常有趣。我们学习到的技能在科学领域可以发挥持久的巨大作用，我认为放弃是一种遗憾。

换句话说，这个游戏激发了玩家的积极性，因为游戏，玩家开始真正关心自己当下正在做的事情。

从某种程度上说，这并不令人惊讶，毕竟这是一个基于专业实践的游戏。专业实践的内容之一就是帮助初学者学会关注那些对专业人员来说很重要的东西，成为一个专业人员总归是艰难的，学会像专业人员一样思考和工作也就意味着学会关注你当下所做的事情。如果人人都不在乎，那么这个职业就会消亡。

我们测试《潘多拉行动》究竟在多大程度上让玩家拥有专业谈判人员思维的方法之一，就是让玩家分析布瑞尔·洛克哈特的案例。布瑞尔·洛克哈特是一位饱受肝病折磨，正等待器官捐赠的女孩。在游戏的开场时，一段加拿大新闻报道向玩家介绍了布瑞尔·洛克哈特的案例，报道讲述了她所处的困境。在游戏前后，我们询问玩家布瑞尔是否应该考虑接受异种移植。

我们测试的大多数玩家在游戏后都改变了对布瑞尔案例的看法。一开始，有82%的人几乎毫不犹豫地说布瑞尔应该接受移植。游戏结束后，有45%的人建议进行移植，但前提是必须满足某些条件；有36%的人反对移植；剩下的人认为自己了解的情况还不够充分，不能提出建议。

变化更大的是，在游戏过程中，玩家们越来越重视布瑞尔本人的观点而不是把自己的感受强加给布瑞尔。例如，在游戏开始时，一位玩家写道：

> 我认为布瑞尔应该接受移植。在我看来，她有只有两种选择：1.不进行移植她就会越来越虚弱，直至死去。2.冒险接受移植，康复的可能性还是有的，移植猪的肝脏以后，她有可能好起来。无论怎样，我不会为了好玩而接受异种移植。但是她还有什么可以失去的吗？她的生命？她应该尝试一下。

根据这位玩家的说法，布瑞尔应该接受在转基因动物体内培养的器官，因为这是他（这位玩家）在相同情况下会做出的选择。这里的关键是"在我看来"这几个字，它们表明了这位玩家对布瑞尔案例的分析是从他自己的角度出发的。

游戏结束后，这位玩家变得不那么肯定了。一个较大的变化在于，他开始关心布瑞尔自己的想法：

> 在没有深入了解更多有关异种移植的信息和与异种移植相关的问题之前，我无法做出判断。但是我想到了一些我认为她应该考虑的问题：
>
> 1. 有检疫吗？检疫持续多久？有多严格？我可以见到家人吗？我要在病床上待多久？移植之后的生活会是什么样？
>
> 2. 就算移植手术成功了，但如果我从猪身上感染了更严重的疾病怎么办？会不会发生一些没有人知道如何处理的情况？生活会变成什么样子？
>
> 3. 如果我知道结果是这么的不可预测，并且我也很清楚移植的风险，那我还会有多想接受移植，参与这个实验？
>
> 我想我对整件事情还是有所怀疑的，然而，我认为以上问题的答案是最终决定是否移植的关键。上面不仅提出需了解有关移植手术的更多详细信息，还提出了一些个人问题，这对布瑞尔是否该接受移植至关重要。当然，是否接受移植这个问题只能由布瑞尔来回答。

换句话说，玩家开始像重视自己的观点一样重视他人的观点（而在这个案例中，玩家更加注重病人的观点）。

价值观

互利共赢式谈判的价值观之一是尊重争端各方的需求。谈判者认为，不同的团体各自正当的目的可能会相互冲突。如果各方在互相尊重的基础上看待问题，那么对整个团体、对谈判者个人所代表的一方而言，谈判都会更加有效。这就是一名玩家所说的，降低艰难谈判的"热度"，让冲突中的各方想办法跨越分歧，达成交易，找到可行的解决方案。在专业谈判中，在任何专业领域里，技能、知识和认识论都与该专业自身的价值观密切相关。

这款游戏带来的结果是，玩家更加尊重不同的观点。例如，一位玩家说她现在更加关心公平问题，她向我们讲述了游戏结束后，她对情景迁移问题的分析方式发生变化的原因。她解释说，她现在更加关心公平问题，关心每一项决策的参与者都能得到公平的对待。其中一个情景迁移问题是，一家公司生产转基因谷物种子，价格便宜但不能育种。因此，如果农民买了它（因为便宜），当年就无法培育可供第二年播种的种子。这就意味着他们每年都要继续购买种子。游戏结束后，这位玩家说：

> 我觉得我的想法现在更公平了。当我第一次看到这个问题的时候，我想："如果他们（生物科技公司）发明了这种谷物，他们想怎么做就可以怎么做。如果贫困国家认为自己在未来没有购买力，那它就不该考虑购买这种谷物。"但是现在我意识到，在短期内，贫困国家可能会想："哦，这是一个很棒的办法，能改善我们经济。"但在此之后，它可能就会有麻烦了，因为这种谷物是一种垄断产品。所以，现在来看，你可能已经意识到会发生哪些情况，并且你会想让每件事最后对所有人来说都有好的结果。

做一个优秀的谈判人员，就要培养专业的价值观。正如一位玩家所说：

> 我知道每个不同的群体的立场，但在我听他们讲述自己的观点之后，我又有了新的认识。在游戏之前，我脑子里想的一直都是动物的权益，因为我总认为布瑞尔应该会一直强调移植的器官来自"猪"。但其实更多问题在于税收以及一些与动物权益无关的事情。所以我认为，从这个意义上说，这个游戏让我重新认识了每个人的立场。……在倾听每个人的声音时，你把自己放到了他们的立场上。

另一位玩家说："为了把事情做好，你得从每个人的角度来看待每一件事情。"

后进步主义

任何游戏都是有其价值观的，因为玩游戏总是意味着扮演一个角色，并遵守角色所暗含的规则。从这个意义上说，所有的游戏都与意识形态相关，它们都强调某些东西比其他东西更重要。每一款游戏都要使用一些技巧和知识。比如，国际象棋需要的技巧和知识与"抓人"游戏需要的技巧和知识不同，《数字动物园》需要的技巧和知识与《潘多拉行动》需要的技巧和知识不同。每一款游戏都与某个虚拟世界的某种场景相关，因此，要想把游戏玩好，就必须关注游戏中的重要内容。一款游戏可能一开始只是与你喜欢的某件事相关，但是所有的好游戏最后都会让你重视你正在做的事情，重视你做事的方式。每一个你愿意一直玩下去的游戏都有这样的特点。

换句话说，游戏是从玩家的兴趣，从玩家喜欢或看重的事物出发，但是，当玩家采纳掌控游戏所需的价值观以后，这些兴趣会发生变化，它们会变得更强、更弱、更狭窄、更专注或是更复杂。因此，游戏体现了进步主义教育巨人之一约翰·杜威所倡导的一些学习理念。

约翰·杜威

约翰·杜威发现，19 世纪下半叶发展起来的美国工业学校体系存在一些问题，于是，在 1896 年，他创立了芝加哥实验学校。到了 1904 年，这所学校成为全美最具创新性的教育实验学校之一。杜威在这所学校里探索出的进步主义教育思想对 20 世纪的教育改革、教育政策和教育理论产生了重大影响。

对进步主义教育的一种典型的歪曲理解是，进步主义者认为孩子们应该通过自由探索自己的兴趣来学习。杜威认同孩子们身上充满了"思想、冲动和兴趣"的观点。杜威指出，寻找兴趣是很容易的，他在《学校和社会》中写道："孩子们其实已经非常活跃了，教育的真正问题在于把握他们的活动，给予他们正确的方向。"杜威认为，教育的挑战在于如何利用孩子们的冲劲，引导孩子"进入更广阔的探索领域，进入与这种探索相伴的学科领域"[10]。

根据杜威的理论，在实践中学习，或者更确切地说，尝试做某件事，犯错误，然后弄明白怎么纠正错误，是连接兴趣和理解的桥梁。"如果对孩子的冲动加以训练和利用，"杜威写道，"这种冲动就会与现实社会的艰苦环境相对抗，而这种艰苦环境是它必须适应的，而且还有学科和知识的因素。"例如：

> 就拿想做个盒子的小孩来说，如果他停止想象，不再有想法，他当然不会学到知识。但当这个孩子试图将自己的想法付诸实践时，他就要明确想法，就要做计划，准备木头，测量所需的零件，采用合适的比例，等等。他还要准备材料，锯木头，打磨，让所有边边角角都大小合适。对工具和制作流程的了解必不可少。[11]

如果这个过程听起来很熟悉，让你回忆起了《数字动物园》里的里克和卡尔或是《埃舍尔世界》里的哈莉的话，那是因为克服障碍是一切通过实践来学习的基础。杜威在《艺术即经验》中对这一过程进行了总结，他写道：

> 从需求产生的冲动开始了一段不知道要去往哪里的历程。抗拒和检查带来了从直接行动到反思的转变。这就回到了由于先前的经验而拥有的工作资本与阻碍条件的关系。由于涉及的能量强化了最初的冲动，这一过程更加慎重，对目的和方法更有洞察力。这就是每一种有意义的经历的轮廓。[12]

杜威的观点——我们通过克服障碍达成学习的目标，非常重要，这一观点是进步主义教育理念的核心。当我们遇到障碍时，我们应当先退一步，仔细想想我们知道些什么，还需要知道些什么，以帮助我们渡过难关。当然，如果我们什么都不做，那么当我们遇到障碍时就只能放弃，这就是为什么我们要做我们在乎的事情。

障　碍

结果有些出人意料。学习中等难度的知识的效果最好，这与研究员米哈里·奇克森特米哈伊所描述的一种"涌流"的心理状态相关。[13]如果没有障碍，我们就学不到什么东西；但如果障碍太多，我们也学不到什么东西，我们会选择放弃。"不利条件和它所阻碍的事物是有内在联系的，而不是任意的、没有关联的。"[14]也就是说，障碍一定和你想做的事情相关，它一定会妨碍到你手头的工作，它不是为了能继续工作必须要克服的任意的、没有关联的困难。

杜威所说的并不是通过棋盘游戏来学数学，在棋盘游戏中，玩家必须回答一些数学问题才能移动自己的棋子，他说的是我们在《潘多拉行动》中看到的那种学习方式。在《潘多拉行动》中，玩家为了找到异种移植临床试验谈判的解决方案，展开了对免疫学的研究，进行了互利共赢式的冲突评估。他们面对的障碍是其他玩家的需求、渴望和反对意见。玩家只有真正学会了谈判人员的思维方式，才能克服游戏中的这些障碍，为客户找到最佳方案。一位玩家对杜威通过克服障碍来追求一个有意义的目标的学习模式在游戏中的应用做了一个很好的总结："为了做好事情，你不得不从每个人的角度看待每件事，但同时你自己的角度应该是非常明确的。"

人类是通过上述方式来学习的，这使得教育不仅要赋予人技能和知识，而且要赋予人价值观这么重要的原因显而易见。这种学习方式要求你必须关心你当下正在做的事。你必须足够关心，在面对障碍时才能坚持下去，而克服比较大的障碍会让你真正学有所获。

杜威的学习理念在很长一段时间内影响较大。因为游戏可以被用来创造进步主义学习环境，让年轻人通过做他们感兴趣的事情来学习，所以一些教育家对游戏感兴趣也就不足为奇了。但是直接照搬杜威的理念是否有效果这一点目前还不清楚。虽然历经了数年的尝试，杜威的学习模式只得到了相对有限的实施。只有极少数的课堂是以杜威的实验学校为模板的。在杜威的实验学校中，烹饪是大部分科学教育的基础，孩子们还建造了自己的微型炼铁炉。[15]虽然认知游戏的确建立在杜威思想的基础之上，但是此类游戏至少在两个方面已经超越了杜威的进步主义教育理念。

这是一段艰难的（虚拟）生活

杜威通过积极参与有意义的活动来学习的模式（以及在他之后的所有进步主义教学法），都依靠活动发生的媒介，即学生使用的工具和材料来展开。学生只有遇到问题，见招拆招，才能进行真正的学习。在杜威的独特措辞中，这些障碍与"它们所阻碍的东西是有内在联系的，而不是任意或者不相关的"。这一点很重要，因为使用传统的教学材料，如奎逊纳棒，很容易捕捉到世界上物体的基本属性，如形状、数量、颜色。[16]然而，复杂的社会和技术理念如比率、反馈、社会公正，很难被构建到传统教学材料中去。换句话说，传统材料在皮亚杰的具体操作阶段，在认识物体的可观察属性时，能够很好地展示儿童的精神世界。如果没有电脑，皮亚杰理论中的更高级、更正式的抽象思维方式很难被展现出来。

但是复杂的社会和科学概念很容易构建到电子游戏的模拟世界中去。在《数字动物园》《埃舍尔世界》《潘多拉行动》的虚拟世界中，玩家会使用复杂的运动概念、数学知识、历史资料、生物技术和伦理学知识，使用工程设计、平面设计、议会辩论和谈判技巧。虚拟游戏拓宽了玩家可以实际操作的范围，拓展了他们的生存世界，增强了他们克服障碍的能力。

玩家在游戏的虚拟世界中表达自己的意图时，会面临许许多多的虚拟困境，杜威认为这是学习的必要条件。虽然虚拟世界的范围肯定不是无限的，但至少借助现有的技术，玩家可以参与用传统教学材料很难甚至不可能实现的活动。

我们知道，在计算机创造的虚拟世界和网络世界中，年轻人能做的事情太多太多，他们可以做数学证明、收集和分析科学数据、在互联网上发表文章、开展政治活动，甚至管理城市，更不用说重现世界历史。[17]

当然，虚拟世界里的活动并不一定比现实世界中的活动好。参加真正的学生会主席选举可能比参加模拟选举更有帮助，在真正的选举中辩论的问题会直接影响学生的生活。但是，现实生活中的活动有时也有弊端。例如，与游戏《政治机器》中的美国总统选举相比，学生会主席选举要花很长时间，辩论的问题范围比较狭窄。学生们都能玩游戏，但是没有多少学生能真正参加学生会主席选举。在《政治机器》这个例子当中，学生可以将从游戏中获得的关于选举团、筹款和宣传的知识，更直接地应用到校外遇到的情况中去，这一点真正的学生会选举不一定能办到。

与使用传统材料相比，电子游戏能让更多人通过参与更加广泛的有意义的活动来认识世界。因此，认知游戏超越了传统的进步主义教育，因为它将进步主义教育扩展到了新的领域。但是还有一个原因，那就是，认知游戏与认识论相关。

科学无处不在

对于杜威来说，在追求有价值的目标的过程中克服障碍的结果是掌握一种特殊的知识——科学知识。根据杜威的解释，科学知识是"根据某些思想和理论，对不同情况进行观察"，并在此基础上"通过发现一种综合全面的知识，将单一事实的重复结合或巧合取而代之"的知识。[18]例如，杜威详细地解释了"煮鸡蛋"（一种旨在让学生从烹饪蔬菜过渡到烹饪肉类的活动）是如何成为这一体系的"实验"的出发点的。

> 为了给比较打下基础，他们首先对蔬菜中的成分进行分析总结，并与肉类成分进行初步比较。他们发现，淀粉和淀粉类物质是蔬菜的特征。蔬菜和肉类都含有脂肪——蔬菜中含量较少，肉类中含量较多。与研究植物的特点——淀粉一样，接下来他们准备开始研究蛋白，以发现动物类食品的特点。他们首先准备好不同温度的水，接下来确定不同温度对蛋白的影响。在这个过程中，他们不仅是在煮鸡蛋，也是在理解煮鸡蛋的原理。[19]

杜威并不是说一切都应按照大多数孩子从学校里学习到的"科学方法"来做，按照科学家们在提出正式假设、设计实验和根据结果得出结论的过程中采用的步骤来做。他认为孩子不应该只学科学，历史、地理和文学等学科对教育的过程来说也至关重要。这些学科都是"社会在进化过程中追求智慧时使用的工具"[20]。但是他相信它们都是科学的，因为这些学科都是建立在对命题的理解之上，建立在从实验中寻找到普遍规律和原理的基础之上。例如，在阐述研究"原始生命"的历史的价值时，杜威将之比作一种科学实验：

> 对原始生命的探索，能以极简的形式向我们展示现有环境的基本要素。我们不能通过实验来刻意简化现在的情况，但是通过研究原始生命，我们能获得我们想从实验中获得的结果，此时社会关系和有组织行为模式的影响降到了最低。[21]

抛开"过去的生活是现代化社会的简化版本"这一过时的观念不谈，杜威将历史调查描述为一种正式的实验过程。他认为历史是社会科学的一种，而不是一种独特的认知方式。举例来说，我们可以将他对历史的看法与温伯格对历史的看法做个对比：

> 一开始，历史学家想到一个细节，但是他想不起细节的来源。意识到这点之后，历史学家就开始寻找其来源，当找到出处时，细节本身就被忽略了。因为历史学家知道，没有自由浮动的细节，只有被见证的细节。[22]

根据杜威的说法，当我们试图实现目标时，障碍会阻碍我们前进。克服这些障碍会促使我们对当下的工作有更科学的理解。正如杜威所写的那样："科学方法是我们掌握的唯一可靠的，能用来了解我们所生活的世界的日常经验的手段。"[23]

不仅科学无处不在

毫无疑问，创新者总是在以某种形式进行实验。舍恩在其对专业实践的研究中提到，创新者的实验就是行动和反思的循环。但是正如舍恩所指出的那样，一般的思维过程很难告诉我们专业人员是如何理解世界的，除非我们更加仔细地研究指导其实验的认识论。从原则上讲，说所有的知识都来自经验可能没有错，但是在教学方面，不同的经验会带来不同的知识。

我并不是在说杜威是错的，但电子游戏确实让年轻人思考和工作的方式变得比以往任何时候都要多元。它使得各个年龄段的人都能进入虚拟世界，而虚拟世界包含的社会、技术、概念等问题远比使用传统材料模拟出来的问题复杂。

可以肯定的是，在认知游戏中，障碍会推动玩家进行科学思考。与此同时，障碍还能推动玩家的思维向创新思维靠拢，推动玩家投入专业团体的怀抱，在反思中进一步构建自己的专业知识体系。

我们已经很清楚人们是如何成为创新者的，因为我们已经充分认识了专业人员培养思维、开展行动的方式。认知游戏创造了虚幻世界，把玩家推入设定好的游戏难题中，玩家只有通过培养自己的技能、学习知识、掌握认识论、形成价值观（这些都是玩家获得创新思维的重要途径）才能解决这些难题。

虽然，并不是所有的创新思维都是科学的。但是，许多认识的方法、许多认识论都是有意义的，它们都在发挥自己的社会、文化和经济价值。

动　力

在后进步主义认知游戏中，玩家要学会关心医生、律师、建筑师、工程师、记者和其他创新型职业所关心的问题，与此同时，玩家要兼顾培养自己的技能和思维方式、学习知识，以解决问题。这意味着玩家要努力工作，严阵以待。这个过程必须是严谨的，因为创新型思维导向的职业要求人们有严谨的思维方式。专业人士的工作环境非常复杂，这类环境要求专业人士有判断力、自制力，要相互信任。由此可见，这些行业自然有很高的标准，这一点无可厚非。专业人员的培训，最终目的就是要树立行为的规范，形成对结果的期望。培训的内容涉及复杂的技能、专业的知识、规范的指导，以及将前三者联系在一起的认知论。

但是，正如我们所看到的，基于高标准的艰苦专业训练的游戏非常有趣。这其中有两个原因。一个原因在于其自身的游戏规则，许多游戏的规则甚至比职业规范更加复杂和严格。比如《游戏王》，其规则相当复杂，实际上，即便是对成年人来说这个游戏玩起来都很复杂，但是孩子们喜欢的就是它的规则。当然，很多游戏都需要玩家付出大量的心血。实际上，所有优秀的游戏都有这个共性。

但更重要的一个原因是，初高中的青少年正试图找到自己在世界上的定位。他们正在试图理解自我，想弄明白自己以后想要成为什么样的人。这群青少年迫切地想看看，离开了父母的臂弯，这个世界是如何运作的。发展心理学家罗伯特·基根将这一过程称为"培养独立性以及自我定义、自我总结能力的过程，增强个人能力、抱负或成就感的锻炼"[24]。奇克森特米哈伊及其同事的研究表明，青少年时期是年轻人学习社会参与模式的时期，这一过程需要培养一种自律意识，如果青少年认为自己的目标是有价值的，他们的行为是有意义的，他们就会愿意参与活动。奇克森特米哈伊认为："这种内在的奖励能带来成长的体验，也会带来成就感，带来丰富了自己的技能的感觉。"[25]

换句话说，青少年对成就感很感兴趣。他们的成就感来自对自身能力的感知。如果能完成目标，他们自然就会对自己的能力有所感知。认知游戏能给玩家带来观察世界的机会，至少能让玩家明白世界的某个部分是如何运作的。认知游戏给了玩家机会，让他们在面对复杂的问题时能感受到自己的能力，同时还让玩家体会到改变世界是什么感觉。认知游戏揭开了世界的面纱，向玩家展示了现实社会的机制。

如果说成就感是吸引玩家体验游戏的诱因，如果说玩家之所以一开始喜欢玩游戏是因为在游戏中他觉得自己举足轻重，还能改变世界，那么真正让他把游戏继续玩下去的是游戏本身的实践内容。任何专业实践必须要做的事情之一就是要培养职业价值观。除非一个人关心专业人员所关心的事情，不然他不可能成为一个专业人员。因此，专业培训必须在专业价值观的背景下才能培养专业技能、传授专业知识、传授认知论。

因此，在孩子的成长过程中，认知游戏可能是一个重要部分。根据业务分析师托马斯·达文波特的观点，专注与投入对创新思维来说是必不可少的。他在对脑力工作和脑力工作者进行了广泛调查后，得出了上述结论。一个人可以像机器人一样完成一些标准化的工作，但是创新需要一个人彻底专注于手头的工作，专注于当下在做的事情。[26]在大多数职业中，专注于手头工作意味着要后退一步，用他人的眼光，用利益方、公众或某个客户的眼光来看事情。它意味着要把注意力从自己感兴趣的事物上转移到他人感兴趣的事物上。

这种去中心化是成长过程中必不可少的一部分，孩子们应该从只考虑自己的需要和利益转变为尊重别人的需要和利益，正如发展心理学家埃里克·埃里克森所描述的那样，成为成年人意味着"在社会中占有一席之地，同时也关爱他人"[27]。

认知游戏因此满足了年轻人的基本需求，让他们以一种积极和建设性的方式参与活动。从这个意义上讲，认知游戏对孩子的帮助超越了麦克斯的母亲对她孩子的帮助（构建专业知识岛）。认知游戏之所以有趣，是因为它让玩家拥有了专业人员的思维和行为方式，他们所做的事情不仅对自己，而且对世界上的其他人也很重要。

需要说明的是，这些游戏并不是要让玩家成为专业人士。并不是像在佛蒙特州的农场学校做杂活的学生们一样，接受培训的目的就是要成为有机农场的农民。认知游戏的目标不是训练玩家，让他们变成医生、护士、治疗师、律师、建筑师、平面设计师、工程师、谈判专家、辩论专家、城市规划师、商业领袖、水管工、木匠、承包商或是任何有社会价值的专业人士。相反，体验基于专业训练的游戏，玩家能够学会的是创新思维，以及关注更复杂且重要的问题和情况。

但是如果玩家玩过认知游戏后没有变成专业人员，那他们怎么样了呢？为了回答这个问题，下一章我们将讨论新闻职业以及基于记者训练的认知游戏。

写给家长、老师和导师的话

《潘多拉行动》目前还不能直接在课堂上使用，但有一些商业游戏能够帮助玩家培养职业价值观。有一款游戏叫《更强的力量》，它是为非暴力运动人士设计的教学工具。玩家在游戏中扮演的是非暴力运动的首席战略家，可以直接调度指挥资源的转移、招募成员、成立联盟或是解散联盟。在这个过程中，玩家会学习战略规划、制定目标以及为达到目标而制定策略。他们会在游戏中了解到非暴力运动的运作程序，了解罢工、抗议和大规模抗议等破坏性行动的机制和功能。该游戏模拟了80多种不同形式的非暴力运动。游戏中的场景都取材于世界各地真实的草根运动。玩家可以切身体会到其中的恐惧和热情，认识动员大众的意义。

《更强的力量》是否是培养职业价值观的最佳游戏并不重要，重要的是辨识出玩家在游戏中培养的价值观：

→价值观比兴趣更重要，我们要去寻找能把现有兴趣转变为某种持久的价值观的游戏，而不是仅能强化兴趣的游戏。

→这一点可能比较显而易见，要去寻找心系天下的游戏，以及将重点放在理解和应对他人观点上的游戏。

→要明确游戏中的价值观，讨论游戏中决策的伦理含义，以及这些价值观在游戏之外是否适用。

→也许最重要的是，尤其对年龄较小的孩子来说，不要害怕捍卫自己的价值观，就像有些书不适合小孩子阅读一样，游戏也是如此。多做了解再决定你的孩子该玩什么样的游戏，再者，最好的方式之一就是你自己也跟着玩。

第五章　身份：《科学要闻》

这一章主要论述如何成为一个创新型专业人员，像专业人员那样思考和工作意味着要把自己当成专业人员，反之亦然。本章阐释了专业训练能帮助人们学会将自己视作专业人员，同时还论述了以专业训练为基础的游戏对正在从儿童阶段过渡到成年阶段的青少年的重要作用。

这一章的关注焦点是《科学要闻》（science. net），这是由威斯康星大学的大卫·哈特菲尔德和艾丽莎·马尼菲科研发的一款认知游戏。在《科学要闻》中，玩家的身份是新闻记者，为在线新闻杂志报道突破性科学技术成果。通过游戏，玩家会了解科学以及科学对社会的影响，增强写作能力，学会把自己当成创新专业人员。这款游戏以新闻实践研究为基础，本章的开头对该研究进行了介绍，向读者呈现新闻专业学生的经历与参与《科学要闻》游戏的中学生的经历之间的共通之处。

这款游戏和游戏所基于的研究向我们展示了以下内容：技能、知识、价值观、认识论和身份认知是如何在创新专业人员的工作中融为一体的；认知游戏如何能使青少年思考、工作、关注、学习，为他们所用；用专业创新的视角看待世界如何能帮助年轻人为未来数字时代的生活做好准备。

职　业

没有哪个职业是铁板一块。新闻业有专栏作家，也有新闻记者。平面媒体不同于电视媒体，它吸引着各类人群，如记者、编辑、制片人。因此，对新闻业的描述实际上就是对整个新闻记者群体的描述。所以，基于记者培训的认知游戏，必然是以对某时某地的特定记者的培训为基础。这就再次说明了一个重要的观点，那就是以现实生活中的学习方式为基础的游戏，不会超越它所模拟的现实范例。

由于其性质，新闻行业会写的人俯拾皆是，但令人惊讶的是，关于记者如何学习职业知识的文章却寥寥无几，有少数作家研究过初出茅庐的记者在成为一名职业记者前经历的各种变化，但是大多数有关新闻教育的研究都专业性较强，专注于教材中道德理论的作用、调查研究对学习新闻的好处，抑或网络工具传授的基本写作技巧。[1]

有关新闻课程怎样培养学生的专业技能的信息较少的一个原因是，学校只是新闻培训的开始，许多新闻从业者都表示他们是通过"耳濡目染"（osmosis），即通过深入观察经验丰富的记者，与他们喝茶饮酒聊至深夜来学习的。尽管如此，新入行的记者在实战之前还是得做些准备工作，而新闻学院在帮助新记者进入新闻行业做准备方面发挥了重要作用。[2]

调查性报道这一文体类型要求入行新手必须能做到三点：能写作程式化文章、能履行监督职责、会讲故事。

程式化写作

新闻业起源于启蒙运动。美国第一宪法修正案得以产生，正是基于只有比较不同来源的信息才能获得更深入的理解这一考量。出自启蒙思想的准确性和真实性是新闻价值的核心，虽然当今的新闻工作者并没有完全理解并践行这一点。新闻工作者专注于自己的工作方法，通过准确性和真实性让读者获得真正的理解。新闻界所声称的不偏不倚，不是指记者拥有超人般的力量，可以保持客观公正，而是指报道和写作方法上的系统性，即按照一系列规则来写作。[3]

因此，我们也就不难明白，为什么新闻写作可以说是几乎强制要求精准性。为了提高记者的写作能力，单单一本有关写作技巧的书就罗列了 18 份不同的表格，包括限时写作 8 技巧、突出重点 14 法、不着痕迹写作 8 法、有效导语 30 题、内容组织 4 法、撰写草稿 11 法、编辑文本 36 题、写作技巧 9 要素、作者 10 常识、读者 5 问、好新闻 7 要素、鼓励写作 6 条件、有效导言 6 要素、有效导言 19 种、生动写作 15 要素、写前应知 20 事、叙事文体 12 注意事项以及观点表达 4 要素。[4]

记者必须遵守美国联合通讯社风格的要求，包括有关字母大小写、标点符号和参考文献的规则。但是，这些规则也适用于我们可能认为应由作者自己来决定的内容。有本指南列出了 8 份记者不能使用的单词和短语清单。[5]另外一本指南列出了记者用来替代"说"这个词的 56 个词语。[6]还有一本手册告诉新入行的记者要"在第四或第五段之前引用事件涉及各方的突出代表的话"，并且"最后一定要对你个人不赞同的一方进行评论"。这本手册警告新手记者"不要把最重要的引语的出处放在引语最后"，而要"把它穿插在引文里面，用逗号隔开"。手册里还提到了一些很实用的内容："对人物的特写需要对细节的描述……但'金发'往往带有性别歧视意味……提到'高颧骨'只能证明你浪费了太多时间去读伊恩·弗莱明的小说。"[7]

换个说法，记者是严格按照新闻体裁的规定来写作的。从业指南反复强调新闻报道以及优秀的记者都应当按照新闻体裁的格式来写。这种写作方式的目标是写完的新闻看不出作者的身份，即新闻不是以作者自己的语气而是以报纸的通用语气来写。这样做有一个非常实际的原因：用通用语气写作，记者和编辑团队处理新闻就更加容易，而不用担心怎样保留某位作者的独特语言风格。一篇看不出作者语气的新闻也会显得更加真实，虽然要做到完全客观是不可能的，但新闻报道的目的就是让新闻听起来客观可信。

监督职责

当然，按程式写作就是记者的写作之道，因为记者要向作为民主社会公民的读者提供所需的信息。研究发现，接受采访的记者中有一半的人认为，自己的主要职责是向公众通报重要的信息和事件；有三分之一的人表示，他们是为让公众在充分了解事件的情况下进行公开辩论而报道新闻的，其新闻报道为民主事业提供了支持。[8]

为了履行帮助公众做出正确决定的职责，记者会通过程式化的新闻写作向读者传达信息，帮助他们了解情况。在采访中，记者称自己的任务是"通过呈现客观事实，将数据转换成信息，使其具有主观意义，从而让民众根据情况做出选择"[9]。新闻研究强调，是媒体使得公开辩论成为可能，其重要作用是让人们意识到问题所在。正如对现代新闻的一篇评论文章所说，它"监控权力，为无声者发声"[10]。记者通过程式化写作将事实公之于众，帮助公众了解真相，而调查记者的工作重心是将社会力量和社会机构的问题揭露出来。记者，尤其是调查记者的写作目的是成为公众值得信赖的社会监督者。

为故事而写作

记者要进行程式化写作，要扮演调查者、信息传递者和解释者的角色，所写的新闻必须与特定事件相关。正如一篇介绍性文章所说，任何媒体工作的本质都是"讲故事"。[11]"为故事而写作"这个词来自两届普利策奖得主，新闻学教授乔恩·富兰克林的同名著作。富兰克林关注的焦点是专题报道，即专题文章，例如不一定与某一事件直接相关的调查报告（与实时报道相反）。富兰克林认为，任何专题报道最终都与特定的人相关，他写道："当一个富有同情心的人遇到一个复杂的情况，为解决问题而采取的一系列行动就组成了故事。"[12]

富兰克林认为，故事的核心所包含的冲突或复杂性必须"对人类的处境意义重大"，也就是说，故事的核心对广大读者来说一定要有重要意义。但他也认为，新闻故事"必须从独特个体的视角出发，以这些个体的行为和思维为基础"。新闻的目的是告诉读者生活中发生的重要事情。要做到这一点，记者就必须撰写一些特别人物的故事，讲述发生在他们身上的事情。富兰克林认为，在新闻行业，"只有通过紧密关注特定的事件以及与事件相关的细节，甚至将其放大来观察，才能最终实现普遍性"[13]。

群体和模式

换句话说，新闻是一个创新型职业，记者通过程式化写作为公众利益服务。虽然许多新闻报道都是程式化的，也许现在过于程式化了，但是对于优秀的记者来说，没有哪两篇新闻是完全相同的。一个优秀的记者要善于发现新鲜有趣的事情，并进行报道。因此，新闻业成为创新总是发生在广泛的实践体系中的例证。

关于记者是如何通过程式化写作、发挥监督作用、为故事而写作来获得创新思维的，目前的学习理论至少可以用两种不同的方式对其加以解释。

更古老、更为传统的观点（这里的传统指的是过去的半个世纪）关注的是个人解决问题和学习解决问题时的情况。关于符号思维或信息处理的研究，关注的是通过解决一个问题所获得的知识和信念可以用来解决其他类似问题。这种思维方式可以将两个不同的问题串联起来：解决梅勒妮旋转木马问题可能对解决哈莉设计问题有所帮助；解决《埃舍尔世界》中的问题也有可能对哈莉解答数学考试题或是上数学课有帮助。这一理念是，解决问题的知识和信念构成了一个图式，其中包括陈述性知识和程序性知识，以及事实和与之相关的解决问题的规则和策略。思考其实就是为问题找到正确的图式，然后用问题所包含的信息和规则来生成解决方案。[14]

这种基于图式的思维观点是许多有关学习的研究的核心，它既包括现有的学校实践，也包括更多的非正式的专业知识岛，涵盖学习知识、规则和信念，然后把它们运用到正确的地方。从这个角度来看，我们希望新闻训练的重点是传授知识和价值观，即传授新闻从业者需要学习的知识，以及能够引导他们使用这些知识的信念。

最近（这里的"最近"是指过去的 20 年），研究人员提出，这种"用抽象规则解决问题"的信息处理观点有误导性。相比之下，情境认知学研究的是人类活动如何成为群体实践的一部分，这里的"群体"指的是用类似方法解决类似问题的人。[15]海军舵手、肉联厂员工、匿名戒酒会会员（本研究的早期研究对象）都来自不同的实践群体，这些群体中的每一个成员都有共同的身份：海军舵手有军衔和军事技能，肉联厂员工都是工会会员，匿名戒酒会会员都是当地戒酒分会的会员。他们有相同的实践内容：执勤时记录轴承运转情况、将牛肉切成标准尺寸、按照 12 个步骤来戒酒。

实践群体包括职业群体（传统的白领职业群体）以及创新职业群体。在情景认知学视角下，通过"合理的外围参与"，新手可以学会群体解决问题的常用方法。也就是说，新手通过模仿群体成员的行为方式来学习。刚开始时，新手做的是既不重要也不复杂的问题，但他们会逐渐朝着群体活动的核心前进，处理越来越复杂的事情。在这个过程中，他们会逐渐将自己看成群体的正式成员。从这个角度来看，我们希望新闻训练的内容是让新手学会记者的行为方式，最终认同自己是记者的一员。

实　践

这两种关于学习的观点都强调了学习记者的思维和行为方式的某个方面的重要内容，然而，单独来看，每种观点都不全面。即便是把两种观点放到一起，画面还是不够完整。事实证明，填补空缺的关键是重新思考数字时代的思维方式。

为了能让读者理解我的意思，让我们来看看下面这群记者学会专业思维和行为方式的过程。这个案例的背景是哈特菲尔德、马尼菲科和我对威斯康星大学的一门有关深度报道的新闻课程——新闻 828（J-828）开展的一项研究。[16]在这门课程中，有高年级新闻专业本科生和低年级新闻专业研究生共计 12 名，他们 4 人一组，在持续整个学期的课程中为当地报纸撰写调查性报道。当地 5 位编辑和记者为他们提供帮助，他们还得到了学校老师、全国知名记者凯特的指导。

在这个学期里，新闻 828 课程的新手记者们提交了 3 篇新闻报道。第一篇是在法院完成的。他们在县法院待了一天，完成了一篇有关庭审的报道。接下来他们写了一篇后续报道，深入报道庭审过程中出现的一个问题。在最后的项目中，他们从 12 篇后续报道里选择了 3 个主题，4 人一组，每组策划一个专题，围绕专题撰写主线故事和周边报道。

在撰写新闻故事时，他们通过经验分享、报道进展和文本编辑这三种方式相互讨论、与经验丰富的记者交流。由于行动后反思已内化为专业的行动中反思，观察每一种反思，都能帮助我们了解记者的创新思维概念以及养成路径。

行动中反思

在经验分享会中，经验丰富的记者向学生们讲述了自己职业生涯中的故事，告诉他们自己学到的教训。例如，当地记者布莱恩向全班介绍了他供职的报纸和他自己的新闻风格。他说："对许多记者来说，一个关键的问题是，这个人有没有资格提出问题或是表示担忧？"布莱恩说，他尝试"把标准定得低一些……将普通人囊括进来……"他想"参与一些罕见的、当事情发生的时候有人提出'我需要见记者'的事件"。但是他还说道，跟记者交谈并不总是对个人最有利，因此他会谨慎地向透漏消息的人解释，为什么与记者交谈可能会是个错误。

为了说清楚这个问题，布莱恩向大家讲述了他曾报道过的一个新闻：一名歹徒持刀抢劫强奸了一位妇女，警察不相信这位妇女，迫于压力，她撤诉了。地方检察官指控她做伪证，将她告上了法庭，虽然最终指控被撤销，她无罪释放。

"你的报道起到作用了吗？"凯特问道。

"起了，起了消极作用，"布莱恩回答说。"他们（警察）固执己见，以证明他们没有犯错。"警察想"证明他们是对的"，他们在这个过程中把受害者"妖魔化"了。布莱恩接着说道，刑事司法体系"让我感到胆战心惊。警察拥有那么大的权力，而且几乎不会被问责。他们觉得自己可以为所欲为，而且他们确实能做到为所欲为。他们从不说对不起，也不愿意承认自己犯下的错误。这让他们成为这个世界上最危险的人"。

通过这个新闻故事，布莱恩向初出茅庐的记者展示了一套特殊的价值观：为沉默者发声（或从他们的角度发声），让那些"觉得自己可以为所欲为"的警察为自己的行为负责。这套价值观与一套技巧相关，即向提供消息的人士解释可能出现的后果，让他们权衡利弊，决定是否与记者交谈。这些技巧需要对新闻业有特殊认识，在这个案例中，特殊认识即警察"拥有那么大的权力，而且几乎不会被问责"，因此与记者交谈并不一定对个人最有利。这一系列价值观、技能和知识，主要与以监督者的身份进行写作相关，记者需要知道、关心这些问题，需要做这些事情，以吸引公众关注不平等现象，监督位高权重的个人和组织，为那些没有权力的人发声。

后来在同一节课上，布莱恩主持了一次报道进展会。当时，班上的学生已经选择了主题，并且分好了调查小组，每组都向全班展示了他们的报道进展并得到了反馈。

布莱恩很喜欢其中一个小组的新闻，讲了一个穷人请律师很困难的故事。布莱恩说："有太多的人面对司法系统时请不到律师。"他建议小组通过研究这一情况出现的频率来"对问题进行量化"。但他补充道，记者也应该"把注意力集中在具体的个例上……思考庭审过程中发生了什么……并把量化好的信息置于研究的例子当中，将它当成一个有机的故事，围绕一个案例来讲述"。

他给报道醉驾新闻的小组提出了类似建议——与地方助理检察官谈一谈，然后找一个醉驾犯人。他解释说："找一个已经被宣判罪名成立的人。马上要上庭的人是不会想跟你谈的。"布莱恩还给出了另一个此类新闻的例子，即最近的一条新闻：中年男子醉驾，青少年命丧车轮。

一名学生问道："你是怎么和这些人联系上的？"

"给关在监狱里的他们写信。"布莱恩回答道。

另一名记者补充说："我可以让你和受害者（丧生的女孩）的妈妈取得联系。"

"好，"布莱恩说道，"现在齐了：妈妈、地方检察官、罪犯。"

报道进展会结束时，布莱恩提醒学生："要注意寻找故事，而不是寻找主题。醉驾太多了……但是你可以找一个人的故事来写。"

在这次报道进展会中，我们看到布莱恩和初出茅庐的记者们讨论了一套特殊的新闻价值观："注意寻找故事，而不是寻找主题。"要采用一系列技巧把这些价值观运用到实践中：要把注意力集中在"一个人和一件事情"上，从而讲述"围绕案例的有机故事"。这些技巧需要特定的新闻知识支撑，比如知道如何联系监狱里的囚犯，以及了解"马上要上庭的人是不会想跟你谈的"。这些价值观、技巧和知识都与"为故事而写作"相关。记者需要它们，以了解新闻写作、关心新闻写作、明白如何进行新闻写作，讲述特定人物的故事、遭遇的问题或冲突，描述发生的具体事件以及这些事件的独特细节。

我们都很熟悉"文本编辑"这个词，但因为新闻和专题写作的程式化规定特别详细，新闻828课堂（更广泛地说，新闻业）的文本编辑过程比我们大多数人所知道的还要严格。在这门课上，每一篇报道都要在文本编辑会上经由同行审稿，即四人或五人一组交换稿子，互相评论，做出反馈，经过修改后交给凯特。凯特会写下意见，更正稿中错误，提出建议。然后，凯特会主持一次文本编辑会，和全班同学一起起草初稿。

凯特说，她对一篇讲述贫困被告找律师难的初稿很感兴趣，但她对这篇初稿的组织和报道的焦点有疑问："写这篇报道的目的是什么？作为一个中产阶级读者，我为什么要关注这个？"

该小组成员比尔回答道："我不知道怎样才能让中产阶级关注穷人，尤其是穷人中的罪犯。"

凯特说，这篇新闻具有"震撼性，因为人们在不知道的情况下，会以为被告有律师"。这是一个"愤怒的故事"，"需要激起不关心此事的人的愤怒感"。

"那么报道可以从轶事型导语开始，"比尔提议，"最终要写到被告并不一定能找到（律师），这就是关键点。"

凯特对如何将这篇文章重新整理成一个令人愤怒的故事做了详细分析：故事以轶事型导语开头，吸引读者关注，然后说明这件事的影响，解释为什么这个问题很重要。让读者看到更宏大的画面：这个国家是怎样的？如果某一天，你找不到律师，情况会是什么样？在说明这件事的影响后，抛出问题：这个故事隐含的危机是什么？然后向读者解释，这个国家曾在法律援助方面居世界第一，但在过去的十年里，在司法方面一直走下坡路。然后列出导致上述情况的原因。向读者解释案件影响时，要用一个段落写关键问题，包括法律援助资金不足、律师收费方案过时、司法任命体系不合理。一定要用副标题将主题清晰地展现给读者，也要用一段与导语相关的轶事来做总结。

"我觉得这个故事很清楚，"她总结道，"但它需要一个强有力的重心，你们在写这篇新闻的时候一定要大胆。"

在文本编辑会上，我们注意到，凯特谈到了这样一套新闻价值观：吸引读者，让中产阶级读者认识到故事的重要性。她谈到了如何运用技巧将这套价值观运用到实践中去：用副标题，让新闻的结尾和导语相互呼应。这些技巧反过来又使用了有关新闻的特定知识，诸如"轶事型导语""关键点""愤怒的故事"等。此外，这套价值观、技巧和知识主要与程式化写作相关，若记者要用传统的新闻形式进行写作，那么这些都是需要了解和关心并且努力练习的东西。

图　式

在其对当前专业和专业教育现状的权威研究中，研究员威廉·苏利文分

"三种学徒"——知识/认知学徒、专业技术学徒和态度价值学徒，对职业教育进行了分析。[17]在上述对新闻 828 课程的简要介绍中，我们看到了布莱恩和凯特是如何用经验分享、报道进展和文本编辑的方式向新闻学徒传授专业知识、技巧和价值观的。

在实践中，每一种不同的行动后反思都聚焦于新闻思维的不同层面，即新闻报道中用到的不同知识、技巧和价值观。经验分享强调以监督者身份写作，报道进展强调为故事而写作，文本编辑强调程式化写作。从某种意义上说，每一种行动后反思都在构建一个不同的图式，包括如何决定什么值得报道，如何找到一个具体例子以阐述主题，以及如何撰写引人入胜的故事。从这个角度看，学习做一名记者就要学会做有关新闻的所有工作，然后把它们整合在一起，最后生成报纸上的新闻。这告诉我们，创新是一种专业图式的集合。

以这种方式来理解新闻 828 课堂上发生的事情似乎是很自然的，因为在我们现有的教育系统中，学习的图式观普遍存在。如果受教育的意义是掌握解决问题的技巧和与之相关的知识，那么，这就是我们要教授孤立的知识和解决问题的策略，并测试学生是否掌握的原因。学习的图式观表明，用这种方式进行教学是正确的，因为学生能把从教室里学到的知识和规则用到其他地方。

问题是，近半个世纪的研究表明，情况并非如此。孤立地学到的知识、规则和解决问题的策略并不会被用到以后遇到的其他问题中。这种意义上的迁移很少发生，难以实现，即便能实现，也局限于与最初形成解决方案的情景非常相似的问题，学习研究领域对此的称呼是"相似性迁移"。[18]你可以训练一个人去完成一项特定的任务，但是孤立地学到的技巧、知识和价值观对于新闻 828 课程和其他专业实践中培养的创新思维没有影响。

图式观仅仅讲述了故事的一个方面。

群　体

为了理解为什么解决问题的图式不足以解释在新闻 828 课堂中发生的事情，让我们将目光转向参与撰写穷人请律师新闻的新手记者艾丽莎，看一下她总结的从实践中获得的经验：

> 你很快就会知道新闻写作是相当程式化的，如何展现事情的两面、撰写导语以及安排一个主导段落都有相应的程式。我是一个直来直去的新闻人，不是很有创造性。但是这让我感觉到我可以有所作为……之前没有人说过"新闻不仅仅是讲述故事，它会影响到普通

的民众"。以前没有人对这种联系做过总结。

　　当然，艾丽莎也谈到了知识、技巧和价值观，但是她还做了另外两件事。第一，她将程式化写作（"新闻写作是相当程式化的"）与以监督者身份写作（"可以有所作为"）联系起来。第二，她谈到，她在将这两方面联系起来时，开始不仅仅把自己当作一个"直来直去的新闻人"。对艾丽莎来说，通过实践不仅能学到知识和技巧，还能学到看待世界和看待自己的特殊的方式——这一点她逐渐开始重视。在下一节中，我将详细介绍如何看待世界。但是首先，我想谈谈她是如何看待自己的，也就是说谈谈关于身份的问题。

　　凯特在新闻828课堂上多次提到"好新闻要有批判精神，会质疑，信息量大，富于智慧，以及——我们希望——文字优美"。但在这一点上，她说不仅要做"有智慧的报道"，还要做一个"有智慧的记者"。她将"有智慧的记者"和"采访警察的记者"或者说"垮掉的记者"进行了对比，后者日复一日报道的是同一个类型的程式化新闻。新闻828课程的经验分享会、报道进展会以及文本编辑会不仅传授了知识，技巧和为监督而写作、为故事而写作、程式化写作的价值观，它们还教会学生怎样从事新闻工作，当一个新闻人意味着什么。

　　例如，在布莱恩的经验分享会上，他指出，作为记者，他的任务之一是监督社会，即在有人想要揭发某人某事的时候毫不犹豫地站出来报道。在解释记者的监督作用时，另一位来访的记者说："最终，丑闻会被泄露给某个正直的人，他会想找人倾诉。如果你是一名记者，你会希望他们想到你。"在经验分享会上，凯特暗示政治是"一个被操纵的系统，而记者需要成为一个不被操纵的人"。她还说，做记者就像做"职业害虫"。在做文本编辑时，凯特告诉学生们，他们必须要"大胆"。

　　记者的特殊专业创新思维不仅仅是有关知识、技巧和信仰的图式，它还涉及把自己看成一种特殊的人，一种以这些方式关心和了解问题、行事的人。成为记者意味着不仅要为监督而写作、为故事而写作、按程式写作，还意味着要把自己当作监督者、作家以及"新闻人"。正如情景认知学所认为的，新闻828的学生是借助群体而学习，通过学习群体成员的行为方式，最终将自己当成群体的一员。

　　换句话说，新闻828仿佛是一张路线图，它向我们展示了技能、价值观、知识以及调查记者的身份是如何相互关联的。当学生们在撰写调查报告时，他们相互讨论，与经验丰富的记者交流。与建筑设计工作室里的一对一评图和总结评论一样，新闻实践活动中的对话对新手来说是对行为进行反思的机会。当新手将公开的、扩展的、分散的行动后反思的机会内化时，私密的、个人的、内化的经验丰富的新闻工作者的行动中反思就发生了。

近十年前，埃德温·哈钦斯开展了一项里程碑式的研究，他研究的是海军舵手如何学会驾驶大型海军舰艇进入港口。[19]他的研究重点是，在这个过程中，思维是如何在人和工具之间分散和分配的。哈钦斯的研究表明，不同的新人舵手在一个共享的空间里承担了航行工作的不同内容。因为每个人都解决了大问题中的一个小问题，所以复杂的问题就变得简单了。每个人都对整个过程有清晰的认识，即使他仅仅做了其中的一部分工作。换句话说，问题空间（要做的事情）和社会空间（每个人做的事情）之间是有联系的。这种联系使得新手可以看到熟练的舵手独自完成工作的过程，而且，显然它也使得一个长而复杂的过程变得分散，让新人更容易上手。

根据这个观点，实践的目的就是通过动手来学习。熟手将大任务分成几个合适的小任务，以便新手能够完成，这时学习就发生了。新手工作的时候，可以跟熟手学习完成任务所需的技巧、知识、价值观和身份意识。

问题在于，这一观点认为，技能不会在不同环境之间迁移，相反，个体是在特定环境下学会做特定事情的。在新闻828课程中，学生学习了怎样做调查记者，也许他们中的一些人学会了怎样当好调查记者，但显然，要做一个出色的调查记者，他们还要接受更多的培训。然而，新手记者学会了一套技巧，学会了将自己看作拥有这些技巧的人，并不能说明这一学习过程会在其他方面给他们带来变化。不能说明当他们没有在准备一篇调查新闻报道时，他们的思维方式、看待世界的方式以及做事的方式会有所不同。也就是说，情景认知学只向我们解释了如何训练人们从事专门工作，并没有解释人们在此过程中如何学会一种新的思维方式。

要理解这是如何发生以及为什么发生的，我们需要引进另一个概念，这一概念既不存在于图式观中，也不存在于情景认知学中。

我们需要认识论。

认识论

作为一门有关调查性报道的实践课，新闻828课程的目标并不仅仅是教学生学会以监督者的身份写作、为故事而写作和程式化写作，也不仅仅是帮助他们成为调查记者，新闻828课程的目标是帮助他们学会调查记者的思维方式。

凯特提出，在调查性报道中，"重要的问题是，这个新闻背后的故事是什么。警察和法院会关注人们生活的变化，但是模式的不同能让我们分辨出哪些是做实地调查的记者，哪些是采访警方消息的记者"。这种模式——凯特称之为"新闻背后的故事"，往往包含更大的社会或政治问题，它们才是具体事件的起因。凯特在一次采访中说道："讲述新闻背后的故事可以帮你得奖。我的目标是培养知道怎么撰写富于智慧的新闻报道、拥有真正的新闻思维的、有智慧的记者。"

在新闻828课程中学会富有智慧的记者的思维方式，意味着学会同时从三个角度思考问题，意味着知道一篇好的调查报告会报道特定的事件（新闻），把它以新闻的形式呈现出来，以此揭示社会体系中的一些问题（新闻背后的故事）。关于一种实践的认识论是证明其行动合理的手段，在新闻828课程中，这意味着用新闻来创造关于新闻背后的故事的新闻。

在实践结束的时候，新手记者已经把这种新闻思维方式内化了。在解释为什么认为他们的最后一篇报道成功的时候，一个学生说道：

> 我们有事实和数据，我们对体制进行了谴责，但是人们并不真正关心体制和数字。我们必须找到一个能充当轶事型导言人物的人，以展示体制对他产生了怎样的影响。只要能把体制和一个具体的人联系起来，然后说："这件事发生在他身上了，这就是为什么……"你需要抓住读者注意力……让新闻自己讲话，不插入任何有关体制如何没有实现其目标的主观评论。

仅仅知道记者行业的规则，将它们付诸实践，或是拥有专业价值观是不够的；仅仅把自己看成拥有技能、知识和价值观的记者也是不够的。和其他所有专业人员一样，记者需要知道哪些行为是正当的，以及如何为自己的专业行为辩护。知识、技能、价值观、身份认知与认识论密切相关。在新闻828课程中，这几点结合在了一起，融合在实践中，形成了一种重要且强大的世界观和行为方式。

游　戏

如果身份认知是新闻实践的核心，也就是说要学会记者思维，一个方法是把自己看成一名记者，那么当年轻人玩完一场以新闻实践为基础的游戏，却没有真正打算成为记者时，情况会怎样？他们还能学会像记者一样思考吗？

为了回答这些问题，让我们通过聚焦于一款以新闻828课程为基础的游戏，更深入地研究一下"实践会带来技能、知识、身份认知、价值观和认识论"是什么意思。在《科学要闻》游戏中，中学生玩家扮演了初出茅庐的科学记者，为一家在线科学新闻杂志报道科学的新发展带来的影响。

《科学要闻》

在新闻828课程中，12名本科生和新闻专业研究生在一个学期当中用约45个小时的课堂时间撰写了调查性报道。在《科学要闻》中，10到15名玩家参与了夏季拓展计划，在3到4个星期的时间内花费共约45小时，为一家在线科学新闻杂志撰写新闻报道。但更重要的是，《科学要闻》重现了新闻828课程的两个基本要素——行动和行动后反思，这两个要素是技能、知识、身份认知、价值观和新闻认识论的核心。

在新闻828课程中，学生完成了三篇新闻稿。每次他们都会收到一个新闻任务，对报道进行定位，做背景调查，采访，写初稿，互相编辑稿件，在编辑的基础上修改初稿，然后提交给教授。他们会在报道进展会、文本编辑会和在职记者的经验分享会上对自己的报道和写作手法进行反思。

在《科学要闻》中，每位玩家也要完成三篇新闻报道。他们要为杂志的健康医药、科技和环境版块撰写新闻，与每个版块的编辑一起采访新闻对象、提交新闻、对彼此的新闻稿进行编辑。来访的记者会举办经验分享会，和大家分享从业经验，讲述正在进行中的新闻报道。为撰写新闻，玩家要学会写导语和标题，学会使用报纸的中性语调、使用美联社格式、插入图片和说明文字、将文章编排成可以在网上发布的格式、安排头版稿件。在游戏结束时，玩家们共同完成了大约50篇关于科技的新闻文章。

虚拟世界

对于中学生来说，即使是10到15个玩家加在一起工作45个小时，写作50篇可发表的新闻也是一项大工程，而游戏的特点——帮助玩家专注于实践环节中的关键要素，并将余下的工作分配给虚拟世界中的人，或者交由虚拟世界中的其他技术来完成，使得这一切成为可能。

和新闻828课程的学生一样，《科学要闻》的玩家会采访真正的科学家和工程师。在游戏中，会有在职记者讲述从业经验，会有真人扮演编辑角色，主持文本编辑会和报道进展会。玩家可以在网上做原创性调查。但是他们所要写的新闻的主题是预先规定好的，游戏还安排了适当的访谈环节以帮助他们撰写新闻。

和新闻 828 课程的学生一样，玩家可以撰写新闻稿，对其进行编辑。但在《科学要闻》中，他们是使用新闻微程序来写作，其特点是可以按照程式化写作和为监督而写作的规则来操作。我们把这个微程序称为 Byline，它给记者提供了一系列新闻标签，这些标签与程式化新闻写作的要素相对应。用这些标签标记的文本，比如导语" ⦚⦚"、正文" ⦚⦚"、跳行" ⦚⦚"，被微程序处理之后，会以新闻惯常的格式呈现出来，这样，一篇仿佛真正的网络新闻就制作出来了。这些标签还能处理图形和版式。但要做到这一点，玩家必须把报道中的各项新闻要素贴上标签。这些标签使得程式化写作的组织和结构一目了然。同样，Byline 预览面板可以将呈现在读者眼前的新闻成稿展示出来，帮助玩家思考自己写的新闻为什么不仅对自己，而且对读者来说也同样重要，即为什么他们要以监督者的身份报道一些对公众来说重要的事情。[20]

这款游戏中的虚拟世界，一部分是由电脑工具构建的，另一部分是由人以及围绕其组织的活动构建的。《科学要闻》是以现实社会当中的一系列非常复杂的、具有挑战性的活动为基础，这使得中学生在其中扮演复杂的、具有挑战性的角色成为可能。

技能、知识、身份认知、价值观以及职业认识论

哈特菲尔德和马尼菲科对《科学要闻》进行了深入研究。我在本书中主要介绍两项研究成果。第一项是对威斯康星大学课外兴趣班的研究。在这项研究中，14 名来自麦迪逊市区的中学生（5 名女生，9 名男生）花费连续几个周六的下午共计 12 小时参与了这项研究。参加另一项研究的是来自 PEOPLE 项目（夏季参与《数字动物园》游戏的也是来自这个项目的学生，该项目是为高风险青少年而设立的）的 10 名中学生（4 名女生，6 名男生），他们每个工作日的上午参与 3 小时，持续 3 星期，共花费 45 个小时。[21] 作为研究的对象，这些玩家的背景各不相同，他们玩游戏的动机也不尽相同。

哈特菲尔德和马尼菲科对玩家进行了录音和录像，并保存了他们在 Byline 中撰写的新闻稿。他们也在游戏前后采访了玩家，在夏季玩家返校后的秋天又对他们做一次了采访。哈特菲尔德和马尼菲科向玩家们询问了一些有关新闻和科学的问题。采访中，他们问玩家为什么要玩这个游戏，玩了以后有什么想法。与对《潘多拉行动》开展的研究一样，他们向玩家提供了一系列精心构建的关于科学及其对社会的影响的情景迁移问题。

在这两项研究中，玩家开始获得技能、知识、身份认知、价值观，开始了解专业认识论。在课外兴趣班中，与第一篇新闻相比，玩家在最后一篇新闻中使用的新闻技巧更多，他们提供的信息更均衡，而且为更多的信息给出了来源，这些都是新闻写作的重要技能。与游戏之初相比，在游戏最后，他们能用更多的标签在 Byline 里制作新闻，而且能更快地将这些新闻标签用于新闻写作。他们学会了根据美联社格式来编辑新闻，学会了用导言和倒金字塔结构来组织新闻，学会了把最重要的信息放在最前面。

游戏结束后，玩家们已经掌握并且能够运用更多的新闻术语，平均算起来，是游戏之前的三倍。玩家已经能利用学到的专业知识来谈论新闻，并且已经具有相当强的洞察力。举例来说，我们可以比较玩家在游戏开始和游戏结束时的文本编辑情况。一位玩家在评论另一位玩家的第一篇新闻初稿时说道："整篇都不错，尤其是导语，因为里面包含了所有的东西，包括谁、什么、什么时候、哪里、为什么以及怎么样。"这句评价使用了术语，但是并没有涉及新闻的内容，也没有说如何改进。与之形成对照的是，在评论另一位玩家的最后一篇新闻稿时，该玩家使用新闻术语对其结构进行了详细分析，还提出了改进意见：

> 好，第一个建议是关于第一句话……她在第一句中介绍了卫斯曼中心，但她没有告诉我们卫斯曼中心在哪儿，所以我不知道它在哪儿，我以前也没有听说过卫斯曼中心。之后在同一个句子里，她开始谈到干细胞研究，然后她把干细胞放在了第二段里介绍。如果她放在第二段，那么读者可能会问："那是什么？"然后他们就要继续往下寻找答案……她应该把干细胞放在导语中介绍。我认为第二段应该再具体一点，因为我不知道你说的残疾是什么意思，比如是哪种程度的残疾。

她的整段评论自始至终都很详细，这表明，该玩家在体验过《科学要闻》之后，其新闻知识和技能与之前相比有了翻天覆地的变化。

哈特菲尔德和马尼菲科采访的玩家开始形成自己的新闻价值观。在游戏开始之前，当被问到"什么是记者"时，大约有五分之四的玩家没有提到为读者或者公众服务。例如，在游戏之前，一名玩家说："记者就是想写东西，而且还能从中得到报酬的人。"游戏之后，超过五分之三的人表示，记者的职责是通过撰写新闻，将重要的事情广而告之。"当记者，"游戏之后，同一名玩家说道,"就是要通过写东西来告诉人们时事。"

玩家在游戏中逐渐理解了新闻认识论。例如,在游戏前,哈特菲尔德和马尼菲科提示玩家一篇新闻报道的基础是由一些信息构成的。他问:"如果你是一名记者,现在你拥有了这些信息,你会怎么做?"在游戏之前,玩家的典型回答是:"我想得到更多的信息,因为这些信息太少了,我很可能会问别人他们怎么看。"

游戏之后,玩家非常具体地谈到他们想和什么样的人交流及原因,会选择进行平衡的新闻报道:

> 不论是谁发现了这个,我都会去采访他。然后我会去采访一些环保人士,询问他们的看法。这样一来,我就可以获得这篇新闻的所有相关信息,也能把握对立观点。因为如果你只采访一方,无论是科学家还是环保人士,你都会产生偏见,而我要做的就是把两种观点都包含在内。

另外一位玩家说道:"如果你双方都支持,那就告诉读者每一方的优点和缺点各是什么,读者可以自己决定支持哪方。"

最终,在掌握新闻技能、获得知识、形成价值观和了解认识论的过程中,玩家逐渐把自己当作记者。一位玩家在游戏结束时说:

> 这个游戏把我们放在了记者的角度,所以当我站在记者的角度时,我就像是在做记者的工作,我就成了一名记者。我开始喜欢这个游戏,因为这是一名记者每天都要做的事情。

换句话说,即便玩过《科学要闻》的中学生将来不打算当记者,只要他们开始玩游戏,就是在培养自己的新闻技能,学习知识,获得身份认同和价值观,就是在了解新闻行业的认识论。

影　响

在通过撰写新闻报道来学习新闻知识的过程中,玩家也学习了许多科学知识。可以肯定的是,他们学习了与新闻主题有关的科学知识和科学理论,比如纳米技术(《小技术引起大战争》)、生态学(《磷对门多塔地区的威胁研究》)以及信息技术(《游戏真能帮助孩子吗?》)。然而,引人注目的是,游戏改变了他们的科学概念以及对科学的重要性的理解。

玩家在游戏中撰写科学新闻报道，把对公众生活有影响的事件呈现给公众。于是，他们学习了科学知识，学会了从新闻学的角度来看待科学，像记者那样思考事件和问题。例如，在游戏之前，当被问到"科学是什么"时，一位玩家回答了一串科学话题，就是科学课堂上的那些话题："我认为科学是……包括与电或者人体相关的东西……我只是喜欢做科学实验，我没有真正想过科学是什么。"

游戏结束之后，当我们再问科学是什么时，这位玩家的回答是，科学是一个广泛的探索领域，涉及很多对人类来说很重要的问题。

> 我认为科学可以是很多不同的东西，可以是技术、环境、健康和医学，足球场也可以被看作科学……种草也可以是科学……我之前并不认为科学会和健康、医学或者环境之类的东西有关系。以前，我认为这些东西就只是它们本身，但现在不一样了，在我挑选完文章，找到相关故事并且写完新闻之后，我开始对它们刮目相看。

在玩游戏之前，玩家理解的科学是学校的课程和话题，比如电和人体。平均来说，游戏之后，他们提到的科学对社会的影响的种类是游戏之前的八倍。在游戏结束后，他们谈论得更多的是科学产生的社会影响，而不是科学在课程中的地位。[22]玩家开始从记者的角度来看待科学和科学问题。玩家们意识到，科学之所以重要，不是因为它是学校里的一门课程，而是因为科学能够给人类带来深远的影响。

然而，哈特菲尔德和马尼菲科发现，参与这次游戏的经历也在其他方面给玩家带来了改变。当他们回到学校后再次接受采访时，一些玩家说，游戏帮助他们完成了老师布置的时事作业。另一些人则表示，在游戏结束后，他们"比去年更关心科学"，因为游戏让他们知道了"科学可以很有趣"。有些人表示，在游戏中学习到的文本编辑知识使他们在语言艺术课上大放异彩："我们要在课堂上完成论说文，其他同学会给我读他们的文章，然后问我喜欢哪个部分，不喜欢哪个部分，哪些地方需要改进，……比如语法错误和逻辑结构错误。"还有玩家表示，他们现在能更好地组织自己的文章了。例如，一位玩家说，参与游戏让她的科学实验笔记做得更好了。

> 在科学课上，我们要完成实验笔记，还要记录其他内容。在做实

验记录之前我就比较喜欢写笔记，我喜欢记录整理好我想要记录的东西。在玩游戏的时候，我按照科学课笔记的顺序记录下了很多东西，但后来我意识到我必须对其加以组织和整理。

对一些人来说，游戏产生的影响更为广泛。一位玩家说道："我现在会问人们很多问题，即使是我不认识的人，我也会对他们说：'你好吗？你叫什么名字？'"另一位玩家表示，他现在在科学课上、在学校里表现得更加自信："这个游戏让我感觉自己比以前更棒了，现在的我获得了更多的知识，这让我觉得，我可以回答更多的问题，同时我也会取得好成绩。"

换句话说，游戏并没有将玩家变成专业记者，他们最后仍然是中学生，但是游戏教给了他们记者的思维方式，让他们体验到了做一个真正的记者的感受。学生们可以利用学到的技能、知识、价值观和思维方式来应对学校里的事情。

认知框架

把一个环境中的影响投射到另一个环境中，从某种意义上来说，是教育的神圣之处，是教育游戏发展的终极目标。正如杜威在半个多世纪以前指出的那样："每一种经历都会在某种程度上影响未来经历的客观条件。"[23]对想要设计学习型游戏的教育者来说，一个关键的问题是，一种经历如何改变另一种经历。教育的前提是，在一般意义上，一种经历可能会影响另一种经历，否则就不会有学校教育或是任何其他教育，不会有学习，不会有连续性，不会有文化，不会有任何东西能够超越眼前和现在。

我们可以这样来理解《科学要闻》，通过在新闻实践中扮演记者，玩家开始关心科学，因为科学对人类生活的影响重大。他们开始成为问题的提出者，成为文章的评论者，成为能思考如何组织内心想法的人。当然，从某种意义上说，这样的情况是必然的，许多玩家在游戏结束之后都是这样。但是，与其从玩家的身份转变的角度来思考游戏，还不如从游戏对玩家身份认知的影响角度来思考游戏更为准确。

身　份

吉伊认为，每一款游戏都给玩家提供了一个尝试新身份的机会。他指出，游戏总是与两种不同的身份相关，即玩家的真实身份，以及玩家的虚拟身份或者说玩家在游戏中的角色身份。一种身份要通过另一种身份的投射才能实现，这个身份就是玩家想要在游戏里成为的角色。[24] 游戏为玩家提供了一个机会，让他们将自己当作一个不同的人，例如在《科学要闻》这个游戏中，把自己当作在课堂上提问的人、关心科学的人，等等。

在心理发展研究中，身份概念通常被划分为三种相关但不同的类型。从发展的角度看，"我"对自己的身份感知来自"我"如何看待自己、别人如何看待"我"，以及这两者如何与更广泛的社会范畴相关联。青少年是通过了解如何才能融入周围的社会，通过了解自己在社会中扮演的角色来对自我进行定位的。[25]

这一发展的关键是实现心理学家黑兹尔·马库斯和宝拉·纽瑞斯所说的"可能的自我"，"这是关于可能成为、想成为以及害怕成为什么的个人想法"[26]。"可能的自我"体现了个人对能力、权力、地位和归属感的渴望，以及个人对无能、失败和拒绝的恐惧。它们是我们脑海里我们可能成为的形象，但不是一般形象，是个人基于自己过去的经历、希望、梦想和忧虑所形成的形象。

认知游戏为青少年提供新的"可能的自我"，这些自我构建在真实的创新思维的个人经历基础上。青少年正在努力实践各种身份，成为拥有特定身份的人，正在学会关心社会上的重要人物和重要问题，学习专业知识并因专业知识而受到尊重。认知游戏为玩家提供了将自己视为创新专业人员，并且与其他实践一样，被他人视作专业人员的机会。根据定义，所有这些视角都与更广阔的社会群体（被社会看重的群体）密切相关。

哈特菲尔德和马尼菲科在对《科学要闻》的研究中发现，让玩家接受职业身份是相对容易的，这也在对一般认知游戏的调查中得到了证实。事实上，有一种方法——启发法或者说经验法，能让人将自己视为专业人员，让其他人将自己视为专业人员。要让玩家在认知游戏中感觉自己是某个专业人士，似乎需要有人提醒他们，需要在办公室挂上牌子或者衣服上别上该职业的胸牌，还需要做该专业人士做的事情。玩家需要了解一些以前他们所不知道的该专业需要做的事情，然后付诸行动。他们需要认识的人（同辈或者家长）认同自己的专业身份。在虚拟世界中，他们的身份是专业人士，这需要游戏中的其他人用对待专业人员的态度来对待他们，而不是把他们当作在校学生。

在《科学要闻》中，一位专业记者会告诉玩家，在游戏中玩家的身份就是记者，他会给玩家发记者证、记者笔记本和铅笔。玩家们一开始就要学习记者如何采访，然后马上采访别人。玩家们要学习什么是新闻导语以及导语的构成，然后用导语撰写新闻。游戏中的虚拟世界模仿了真实的新闻实践场景。最终，玩家的朋友和家人都能够读到玩家亲手制作的新闻杂志。

所以最终说来，让玩家感觉自己是个记者并不难。作为认知游戏，《科学要闻》的强大之处在于有三分之二的玩家在游戏后接受采访时说"有时候觉得自己像一名记者"。让人难忘的是，尽管他们已经了解到新闻工作的复杂性和艰难程度，了解到做新闻工作要比当初自己认为的复杂得多，他们仍然觉得自己像新闻工作者。这些玩家从游戏中获得的"可能的自我"不仅是一种像记者的感觉，而是以做记者的真实经历为基础的。

换句话说，让新的身份认知感持续存在只是《科学要闻》的内容之一。这个游戏模拟了将玩家新的身份与专业技能、知识、价值观和认识论联系起来的专业实践。它迁移的不仅是新的身份，还包括它所创造的专业技能、知识、身份、价值观和认识论，迁移的是职业的认知框架。

框　架

20世纪70年代，社会学家欧文·高夫曼提出了框架分析的概念。[27]他认为任何活动都可以用框架来解释：有组织的规则和前提，部分存在于参与者的头脑中，部分存在于活动本身的结构中，从而塑造了参与者的感知。我们总有一些用来理解我们正在做的事情及我们周围正在发生的事情的假设、理念、信念、期望、行为、理由和自我感知。这一系列有组织的前提就是框架，我们凭借这种框架，构建起了我们任一时刻在做的事情。

从这个角度来说，如果我们把某人当成特定的专业人员，那就意味着此人可以通过特定的框架阐释正在进行的活动（或者说此人能完成的活动）。这种特定的框架就是职业的认知框架。

从这个意义上说，框架这个词恰如其分，因为职业的认知框架就像一副眼镜，以特定的方式为世界着色。它使某些事物显得更为重要；它用相关专业术语标记概念、事件和物体，同时又选择性地忽略其他事物；它明晰行动路线，放弃其他不相关的、没有结果的事情；它设定判断和解释行为以及做出决定和主张的条件；它最终框定这个眼镜的佩戴者为世界上拥有并能运用关心、了解、行动和思考的人。

职业的认知框架是人们在成为这种职业的从业人员时所具有的价值观、知识、技能、认识论和身份的结合。例如，律师将自己定性为律师，对法律问题感兴趣，通晓法律。这些能力、归属感、行为习惯和理解力是通过以特定方式看世界，即以律师的思维方式看世界来实现的。当然，反之亦然。这些能力、归属感、行为习惯和理解力使得像律师一样思考成为可能。

这并不是说认知框架凌驾于身份之上。社会心理学家谢尔登·斯特赖克和彼得·伯克指出，每个人都有多重身份，它们可能会相互强化，或是相互竞争、相互冲突。[28]律师的身份可能不止一种，他们也可能是父母，是视频游戏玩家，是体育迷或是业余木匠。他们也有其他的认知框架，也会在其他的框架下思考和工作。

对于医生、工程师、陆军游骑兵、水管工、砖瓦匠、商人、政客和毒贩来说，情况也是如此，只是他们的思维方式不同而已。一种实践的群体总是浸染着当地的文化，而认知框架是文化的基本规则，框定思考和行为方式以及人们认识和关心的事情。当人们开始适应认知框架的时候就会将其内化。一旦一个人掌握了一个实践群体的认知框架，就可以利用这个框架在别的背景下，包括在群体之外的其他背景下观察、思考和工作。认知框架是我们在内化和适应群体时获得的。[29]

因此，认知框架是一种描述方式，是以图式和实践群体的思维和学习观为基础的一种描述方式。将自己视为群体中的一员，学会做群体成员做的事情就要知道群体成员了解和关心的事情，而且要学会根据群体的标准做决定、做解释、做判断和采取行动。这个概念说明，无论是解决孤立问题还是仅参与群体实践活动，都无法解释我们在专业实践和认知游戏中所看到的现象。

当然，文化和群体有共同的看待世界的方式并不新鲜。人类学家卡琳·诺尔塞蒂纳用术语"认知文化"来描述创造新知识的场所，比如粒子物理学或分子生物学实验室。在其颇有影响力的著作《科学革命的结构》中，托马斯·库恩认为，学科其实是一种范式，它对研究什么问题、观察什么现象以及如何解释观察结果进行定义。大卫·珀金斯发表了关于认知理解的研究论著，他认为，认知理解是有关在特定的学科中证明和解释概念的知识。美国西北大学的艾伦·科林斯及其同事从认知形式（适用于一门学科的知识形式）和认知游戏（这种形式下操纵知识的规则）两方面对学科进行了描述。哲学家米歇尔·福柯认为，每个时代都有一种知识（episteme），即话语实践（人们如何互动）与整个文化层面存在的知识结构之间的特定关系，跨越特定时代的知识领域和实践形式，如古典知识、现代知识等。社会学家皮埃尔·布迪厄将文化的非话语结构描述为一种状态，即习惯、品味、喜好、风格以及对群体成员来说"不言自明"的其他东西。[30]

将一个群体的技能、知识、身份、价值观和认识论描述为一种认知框架是有益处的，因为它强调了这种结构是：

→解释性的。在特定框架中，有些事情更为重要，有些次之，有些行动是可行的、可取的，而有一些是不可行的。

→稳定的。它不会随着时间的流逝和环境的变化而变化。一旦我们建立了某种认知框架，它就会一直跟随我们，但不使用框架，其作用会减弱。

→短暂的。虽然它一直存在，但并不总是如此。人们可以改变认知框架并在它们之间游移，在不同的环境中使用不同的框架，甚至从两个不同的角度看待相同的情境。

→生成的。认知框架在与创建它们的情境相似的条件下更容易使用。然而，认知框架一旦形成，就不会完全依赖于其原始环境了。

→无所不在的。认知框架是所有群体的核心，并不仅仅是整体文化、传统学科或研究群体的核心。

也许最重要的是，认知框架是：

→认知的。认知框架为行为、决定和主张的判断和证明设定条件。认知框架是一种特定的行动和思维方式，它决定了哪些事物值得认识，哪些事情值得去做，哪些值得为此做出决定。

换句话说，认知框架是一种稳定的结构，它解释了在一个群体的文化背景下的经历如何影响另一个群体中人们的想法和行为。同时也向我们解释了，在一个环境中学到的东西可以投射到另一个环境中，从而帮助我们在另一个环境中工作。

从图式的角度来看，我们可能会说认知框架只是一组事实和规则，它们可以在不同的环境间迁移。但如果是这样的话，那么它就是一种非常特殊的图式，其成分传统上不包含描写人们如何解决通常与基于图式的学习理论相关的词汇题目和字谜。从实践群体的角度来看，我们可以说身份总是暗含某些技能的，反之亦然，而且这两者都需要一定的价值观、知识和认识论。事实确实如此，这毫无疑问。但是从教育的角度来看，将其作为一种前提假设的最重要的问题是：这些东西是如何以这种而不是以另一种形式组合在一起的？认知框架让我们明确地讨论作为群体的一员思考和工作的意义，因为那意味着获得并整合群体的技能、知识、身份认知、价值和认识论。

创新框架

根据上面的定义，任何游戏都有一个认知框架，因为任何游戏的玩家群体都有其特定的文化。为了把游戏玩好，玩家必须有能力做某些事，了解某些事，投身到游戏中，关心游戏中每一件举足轻重的事。玩家还要有能力以合理的方式解释或证明游戏中事件的意义。也就是说，要想把游戏玩好，玩家必须掌握与游戏相关的技能和知识，形成身份认知、价值观，了解其认识论，即形成游戏的认知框架。

但要澄清的是，认知框架是游戏的一种属性。模拟没有认知框架，但游戏有。一副扑克牌没有认知框架，但扑克游戏有。有一个最简单的方法能让我们看到扑克游戏中的认知框架，这个方法就是把赌场的扑克赌博和朋友之间在地下室玩的扑克游戏进行一番比较，思考这两类不同扑克游戏所涉及的技能、知识、身份认知、价值观和认识论的不同之处。

任何游戏都可以通过模拟现实创造一个虚拟世界，虚拟世界包含我们需要完成的事情、扮演的角色、遵循的标准和遵守的规则。认知框架是我们所属的群体和虚拟世界的属性，虽然虚拟世界是通过模拟现实建立的，但是模拟本身并没有这个属性。所以，玩家才可以从《数字动物园》《埃舍尔世界》《科学要闻》等游戏中获得认知框架，而不是从索达构造器、几何画板或是 Byline 中获得认知框架。

但如果任何游戏都有认知框架，那我提到的认知游戏的意义又在何处？简单来说：

> 认知游戏是这样一种游戏：它通过重新创造个体形成技能、知识、身份认知、价值观和认识论的过程，有目的地创造具有社会价值的群体的认知框架。

这个定义解释了认知游戏的潜在力量。认知游戏以创新框架，比如高科技、数字化世界的效率框架和精准框架为基础。他们给玩家的"可能的自我"赋予了具有建设性、激励性的真实形象，在玩家培养技能、掌握知识、获得价值观和思维方式的过程中起到了举足轻重的作用，而这些技能和知识又会在玩家的校园生活以及未来的生活中成为他们获得成功的必备因素。

这类游戏的目的与传统职业教育不同，其目的不是培养某个领域的专门人才。认知游戏让玩家学会以创新的方式工作，从而以创新的思维思考。通过认知游戏来形成创新认知框架，可以让玩家用新的视角看世界。所以，换句话说，问题的关键不在于将年轻人培养成专业人员，而是赋予他们专业人员的思维。

专业认知框架是建立在专业实践基础上的，而基于这些实践经验的认知游戏可以为应试教育下的学生提供创新的思维和学习方式。认知框架一旦成功建立，就会永远保持下去，它们会成为玩家培养技能、获取知识、获得身份认知、形成价值观和认识论的宝贵工具。认知框架是看待和解决社会问题的方法，而且能帮助年轻人塑造属于自己的世界观。

写给家长、老师和导师的话

《科学要闻》目前还没有广泛运用，但大卫·哈特菲尔德正在开发一款可在学校、社区中心、图书馆、校外和夏令营中使用的 Byline 程序。然而，市场上已经有越来越多的传授专业技能和专业思维模式的商业游戏。《全能战士》就是一个很好的例子。[31]这款游戏模拟的是美国陆军的训练，但不是典型的采取第一人称视角的射击游戏。为了在游戏中生存下去，玩家必须像一名现代职业军人一样思考和行动。在美国陆军军规的指引下，玩家控制两队士兵在阵型中移动，为他们选择最佳位置，并确定士兵的目标及完成目标的方式。游戏的兴奋点不是打打杀杀，而是极力避免自己营地的士兵伤亡。要做到这一点，玩家就需要学习一些现代军事理论，比如抑制火力，如何在不同情况下运用这个手段，以及这个手段与其他现代战争打法如禁止移动射击的关系。游戏手册这样写道："在你的阵营背后是精心的策划和多年的战场经验。请尊重这份经验，因为它让你的士兵得以幸存。"[32]在这款游戏中，玩家的身份是指挥官，因此玩家可以体会到当一名指挥官的感觉，可以从指挥官的角度来看待周边的事物。游戏还会让玩家问自己：我究竟喜不喜欢这款游戏带给我的世界观？无论玩家觉得自己在游戏中的身份是否对自己有利，这款游戏都能让玩家形成某种重要的职业实践的框架。

当然，有些人可能不想让自己的孩子扮演职业军人。这款游戏被评为 M 级（成人），适用于 17 岁以上的玩家。但是它确实可以帮助青少年感受一下军事生涯，在决定职业道路之前了解更多信息。

当然，《全能战士》这款游戏能否让玩家获得职业身份并不重要，重要的是玩家在游戏当中能辨别出自己的身份认知：

→一定程度上，年轻人是通过探索"可能的自我"来成长和发展的。他们会尝试扮演社会身份和行为各异的不同角色。和他们谈谈游戏会鼓励他们成为什么样的人，谈谈他们游戏中发现的不同身份认知的正反两面。

→相对于脚本游戏来说，开放性游戏有更多不同的玩法，会给予玩家更多机会探索自己想成为什么样的人以及怎样成为那样的人。通过游戏了解"可能的自我"的一个方式，是尝试成为同一场景中不同种类的人。创新不可能有脚本，创新思维也不可能有脚本。

→让我们来想想游戏所创造的认知框架。玩家在游戏中培养了哪些技能，获得了哪些知识，形成了哪些身份认知和价值观，了解了哪些认识论？游戏又是怎样将这些元素整合在一起的？记住，游戏就是玩家在模拟世界中的所作所为。因为思维方式是游戏的一部分，模拟本身不是，所以你可以通过与玩家聊游戏、与他们一起玩游戏、和他们一起思考你们在游戏中会变成什么样的人来对他们施加影响。

第六章　未来：《城市科学》

到目前为止，我们已经研究了五种认知游戏，每一种都显示了认知框架其中一个要素的重要性。有了这些说明，我认为认知框架是有关思维的新的思维方式。《数字动物园》《埃舍尔世界》《潘多拉行动》《科学要闻》等认知游戏提供了关于学习的新思维方式，这对高科技数字时代全球竞争下的教育至关重要。计算机正在使创新思维能力比以往任何时候都重要。计算机使得认知游戏的运用更加广泛，它为我们提供了以新的方式思考我们的教育体系的机会，以迎接新的挑战。

问题是：我们如何从"这里"到达"那里"？

在每一章的最后，我都认为商业游戏的存在能够帮助年轻人培养技能，掌握知识，获得身份认同和价值观，形成创新思维。有很多游戏不仅有趣，而且可以帮助孩子学习。本书最后一章通过比较两款有关城市的游戏《模拟城市》和《城市科学》来介绍认知游戏的独特之处。前者是在游戏史上排名前50的电子游戏，后者是由凯利·贝克特设计、由伊丽莎白·索瓦茨克和威斯康星大学的研究员加以拓展的一款认知游戏。[1]

到目前为止，我们关注的是玩家可以从认知游戏中获得的技能、知识、身份认同、价值观和认识论，以及商业游戏中能找到或是我们能给商业游戏中添加多少这些元素。对《模拟城市》和《城市科学》两款游戏的比较，显示了把所做、所知、所在、所爱和所思的方法连接到完整而连贯的、建立在真正的专业实践基础上的认知框架上是多么的强大。然而，更重要的是，这一对比表明，数字化时代教育的下一步，可能不会出现在学校，也不会出现在家里，而是来自其他地方，或许是意料之外的地方。

建设城市

用沙子、乐高积木、林肯积木、纸、剪刀、胶带、黏土、混凝纸浆、木块、纸板、纸袋、油漆纸、胶水、铁丝和麻线建造东西很好玩儿。无论是在现实世界还是在虚拟世界里，建造东西都非常有趣，因此一些最受欢迎的电子游戏让玩家来建造建筑。在这些游戏当中——这些游戏被冠以"上帝的游戏"之名，原因我稍后解释——玩家可以设计和运行复杂的项目，开发和管理业务（这就是它们的标题中多有"巨头"两个字的原因）。在《模拟城市》（最著名的建筑游戏）这个例子当中，玩家可以建造一座城市，领导它从小城镇扩张为一座大都市。

我的女儿们特别喜欢在沙滩上用沙子来建造城市。而在家里，她们喜欢玩 Playmoile 动物园、毛绒动物、Fisher Price 谷仓①。因此，她们最喜欢的电脑游戏是《动物园大亨》这个建筑游戏就不足为奇了。

《动物园大亨》

在《动物园大亨》中，玩家们可以在动物园里建造景观，也可在里面修建道路。可以修建围栏，购买动物向游客展览，为动物选择食物，在展区放上饮水设备，装上长椅，修建卫生间、小卖部，设置供动物园游客使用的捐赠箱，雇用和管理员工，还可以通过一个相当复杂的预算流程来监控动物园的现金流。在建造动物园的同时，玩家还可以切换到访客模式，在动物园里漫步，观看动物（以及巡视顾客），并拍照放入剪贴簿。游戏成功的关键是要让动物园变成一个好玩、卫生、干净而且有吸引力的地方，在这个过程中有时需要切换到客人模式，有时需要打扫卫生，保持园区的清洁。

有一天我无意中听到我的一个女儿和与她玩这个游戏的朋友之间的对话，才发现原来这个游戏这么好玩。

"在那儿放一个冰激凌摊。"朋友说道。

"我会的。"我女儿说。"真的。如果我放了，你就要去清理垃圾。我不喜欢清理垃圾。"

"那我们就不放了。"她的朋友说。

"不，还是放吧。"我女儿回答道，"我可以清理垃圾。"

她的朋友回答说："那我们就可以有更多的钱了！"

这段对话的有趣之处在于，首先，它清楚地显示游戏的内容比虚拟世界本身丰富。孩子们在游戏中塑造的虽然是虚拟世界，但是他们给虚拟世界带来的

---

① 译者注：Playmoile 和 Fisher Price 分别是德国和美国著名儿童玩具品牌。

乐趣、为活动设定的目标、有关活动的对话比游戏本身更有意义。这款游戏带给他们的并不只是卡盒里或者屏幕上的东西。

同样有趣的是,在这段简短而清晰的对话当中,两个幼儿园的孩子开始对内置在游戏当中的对现实社会的金钱交易、时间、垃圾和满足感的模拟做出应对。当然,这正是《动物园大亨》和《模拟城市》之类的游戏作为教育游戏如此吸引人的原因。

公平地讲,这些都是很棒的游戏。它们有趣好玩,内容涉及许多重要知识,涵盖了数学、科学、历史、社会学、经济学,甚至动物学(《动物园大亨》)、城市和区域规划(《模拟城市》)复杂而重要的概念。但它们不是认知游戏。而了解它们不是认知游戏,有助于解释迈向基于认知游戏的教育系统的下一步可能既不会发生在学校里,也不会发生在游乐场里的原因。

为什么不是《模拟城市》?

《模拟城市》这款游戏是以对复杂城市系统的模拟为基础的。玩家要控制城市网络,设计和管理城市,解决人口增长、环境变化、城市和经济的发展,以及罪犯和交通等社会问题。他们扮演的角色集市长、城市规划师、市政府官员于一身,在长达数十年甚至数个世纪的时间里对城市进行规划,管理城市的发展。

正如我女儿和她朋友在为经营动物园而做决策时开始看到事物之间相互依存和制衡的关系一样,模拟城市的玩家开始理解城市生态的复杂性。当改变城市的生态系统时,他们看到了发生的一切。比如,如果你在城市中建造更多的公园,公共设施的成本就会上升,因为你必须让公园保持干净。如果你把一块工业用地放在住宅区旁边,住宅区的土地价格就会下降,犯罪率就会上升。因此,玩家必须决定是否提高税率、减少绿地、搬迁工厂、迁走城市,或者采取更实际的办法将这些措施结合起来,考虑怎样实施会给城市带来最佳的长远影响。通过这种方式,《模拟城市》让人类的选择对环境的影响显而易见,让玩家看到这些影响反过来又会怎样影响他们未来的选择。

研究表明,《模拟城市》可以帮助学生在社会研究课程中学习城市地理和社区规划。[2]然而,尽管这样的游戏可以帮助玩家对复杂的系统展开思考,但是《模拟城市》这款游戏,或者更宽泛地说,这种类型的游戏,对于教育目的来说还是有一些局限性的。

在《模拟城市》中,你所创建和维护的城市并不总是代表一个真实的地方,当然更不是大多数孩子居住的地方。游戏对非常复杂的现实模式进行了模拟，但游戏中的问题并不一定与游戏之外玩家所在的现实社会问题一致。在游戏中，空间被压缩，时间却被大大延展。变化发生在广阔的地域范围内，城市的运作方式以宏观的视角呈现。玩家管理的城市，只用几分钟或几小时就会发生翻天覆地的变化，而真正城市的发展和改变却是相当缓慢的。我们知道，复杂的生态和社会进程在不同的时间尺度上来看很不一样，快节奏的变化可能会让玩家对现实社会中解决问题的方式的看法发生扭曲。[3]

不过，如果我们忽略游戏中的怪物袭击和外星人入侵，作为一个认识世界的途径，《模拟城市》最让人不安的是，玩家在虚拟世界中是一个独裁者。现实生活中的城市规划和管理工作，都与选民和利益群体密切相关，而这些人往往不清楚自己的城市发展目标和规划是什么，甚至也不清楚它们之间是相互对立的。所以城市的大部分管理工作是尽力去弄清楚人们想要什么，然后把这些需求纳入可行的计划中，通过政治程序付诸行动。然而，这一过程在游戏中几乎完全缺失，没有一个地方（比如规划会议或城市议会）可以让玩家为他们的行为做出解释和辩护，比如为什么将工业区安排在住宅区旁边，为什么资助公路建设而不是修建绿地，也不需要玩家提交方案以获得批准。[4]

这就是《模拟城市》被称为"上帝的游戏"的原因。玩家不用对虚拟世界里的任何社会决策过程负责。他们的行为会产生后果，可他们还是可以为所欲为，无论合不合理，会不会造成破坏，是否切合实际。

城市规划

《模拟城市》玩起来很有趣，可以帮助玩家了解城市问题，但它并不是一款认知游戏，因为玩家并不能学会从真正的专业群体的角度来思考城市的运转。再来看一款关于城市生态的游戏——《城市科学》，这款游戏让玩家从专业人士的角度来思考城市地区所面临的复杂而模糊的问题。

游戏的开发者贝克特和索瓦茨克一开始就提出了这样一个问题：哪些人知道如何思考和解决城市生态问题？答案是城市规划师。

城市规划师是创新专业人员的典范。他们制订土地使用规划，以满足群体的社会、经济和物质需求。为了完成工作，城市规划师需要对社会和科学问题有深入的了解。他们用包括地理信息系统（GIS）在内的先进工具来解决复杂的问题，以回答"假如……将会怎样"的创新性问题。学会城市规划师的思维和工作方式，意味着学会使用 GIS 模型及其他工具来解决现实社会中的科学、社会、经济和技术领域的复杂问题。

根据美国规划协会的定义，城市规划包括"制订土地使用计划……同公众合作……分析问题、设想未来、比较可选方案和描述影响，让政府官员和公民做出明智的选择……管理规划进程，目的是让利益集团、公民和政府官员参与进来……有技术能力和创造力"[5]。

这些重要的特征中有几个是《模拟城市》所没有的，特别是与公众合作、让政府官员和公民做出明智的选择，以及管理规划进程。美国规划协会的职责之一是确保其成员富有创造力，因为与所有的专业人士一样，城市规划师不能简单地照书本来解决问题。

城市规划师通过实践来形成独特的创新思维认知框架，在同行和导师的帮助下解决问题，而贝克特和索瓦茨克开发的认知游戏就是以这样的实践为基础的。

《城市科学》

游戏开始时，玩家会接到市长下达给城市规划部门的一个项目指令：为他们所在城市的步行街重新做一个详细的规划。玩家会收到城市预算计划以及关心犯罪、收入、就业、垃圾、交通和经济适用房等问题的市民的信。玩家会来到步行街，像真正的规划师一样进行场地评估，还可以听取市民和城市联盟、商会、历史保护协会等组织的意见。在贝克特开发的原始版本的游戏中，玩家还会看到对街道新规划感兴趣的各群体代表的采访视频。在索瓦茨克更新后的版本中，玩家在进行场地评估时，会使用带有全球定位系统的掌上电脑读取来自虚拟团体代表的信息。

接下来，玩家会使用带有市中心交互式 GIS 模型的规划程序 iPlan 来创建改造计划。他们扮演的规划师会先用 iPlan 做意向调查，再根据调查结果评估社区利益相关者对备选规划方案的反馈。在获得反馈的基础上，玩家还要制订计划以解决不同群体的利益问题。

例如，如果想要增加工作机会以满足商会的要求，玩家可以将步行街的一部分重新规划为大型零售商店。iPlan 显示，根据这个规划，社区工作岗位的数量会增加，但该模型也会把其他问题显示出来。比如商店引起的垃圾和交通问题，而这些问题会影响到其他利益相关者。与真正的规划师一样，玩家必须权衡他们的提议对成本和收益（经济、社会和环境收益）的总体影响，而且权衡必须在城市的社会、经济和生态系统中进行。在完成土地使用规划、修改好市中心的规划图后，玩家会向城市规划办公室的代表递交提案，并证明提案的合理性。

换句话说，这是一款按照城市规划实践的规则来玩的游戏，用贝克特的话来说，城市规划模拟是"对现实的升级"[6]。游戏中的虚拟世界是以玩家生活的现实社会为模型，以城市规划师的真实工作为模板的。玩家重新设计城市，这个城市是他们的城市。他们可以看到他们正在重新设计的地方，看到那些变化是如何使他们以及周围人的生活变得更加丰富和令人满意的。但他们的决策也会受到城市的经济、社会和物质现实以及城市规划专业的实践规范的制约。

成为规划者

贝克特将《城市科学》作为 PEOPLE 项目的一部分进行了测试，该项目是针对高危学生的夏季拓展项目，参与《数字动物园》和《科学要闻》的学生也来自该项目，但贝克特的研究对象是年龄较大的青少年。在研究中，11名高中生在暑假一个周末的两天时间里一共玩了 10 个小时，包括午餐时间以及其他休息时间。其中有 4 名女生，7 名男生。8 名是非裔，2 名拉丁裔，1 名是亚裔。所有学生都是为了获得 PEOPLE 项目的社区服务学分来参加游戏的。[7]

贝克特分别在游戏前后采访了玩家，向他们提了一些生态学和城市规划的相关问题，还让玩家回答了一些有关城市规划的情景迁移问题（与《潘多拉行动》和《科学要闻》中的类似）以对他们进行评估，看他们能否像城市规划师一样利用游戏当中的理念、技能和价值观来解决问题。玩家还绘制了概念图，展示了他们对与城市相关的问题及利益团体的理解。

贝克特的采访发现，玩家在玩游戏之前对城市规划知之甚少。不过，在游戏中，他们学会了像城市规划师一样阅读和理解文件。他们学会了场地评估，制订土地使用规划，还学会了做项目演示。他们学会了像城市规划师一样将这些技能融合起来，为城市的发展和改造提出令人信服的建议。在追求卓越的专业标准的成人的指导下，他们培养了城市规划能力，掌握了城市规划技能。

贝克特发现，游戏结束之后，玩家对生态学有了更深入的理解。在此之前，只有不到10%的人能解释"生态学"这个词。游戏结束后，超过80%的人能像下面这位玩家一样，以城市规划师的方式来思考城市生态的含义。

> （生态学是）对生态系统的研究，从根本上说，就是研究一件事如何影响另一件事。如果一个东西被拿走或是被放在某个地方，另一个东西就会受到影响。例如，人口增加会导致就业机会缺乏，也会造成垃圾增多和交通拥堵问题……这就是城市生态学。

游戏结束以后，如同概念图上展示的那样，玩家思考城市问题的方式更为复杂了。举例来说,规划问题和利益相关者之间的联系的复杂程度平均提高了72%,影响城市规划的因素的数量平均提高了20%。[8]玩家对概念图的解释也反映了他们思维复杂程度的变化。例如,在对游戏前绘制的概念图中"工作"一词进行阐释时,一位玩家说道:"如果你是一个园丁或者一个看公园的人,那你的工作就和绿地有关。"

游戏结束后,这位玩家这样说道:

> 工作意味着更多的人口,更多的人口意味着更多污染以及更多的犯罪。当城市发展起来,就会有更多的人口,就需要修更多房子让他们居住。如果房子更多,交通就会更拥挤。你不可能在不改变别的事情的情况下改变一件事情。

更重要的是,在了解城市生态的过程中,玩家开始将自己看成规划师并从规划的认知框架来看世界。游戏结束后,贝克特采访的每一位玩家都说,游戏以这样或那样的方式改变了他们对城市的看法。玩过游戏之后,一位玩家说,现在走在街道上,她会"留意到一些事情,比如他们为什么会在这里修房子,又为什么会在那里修公园"。另一位玩家说:

> 我现在能更清楚地了解事物之间的联系了。通常情况下,你会看到联系,但你不会去思考。我真的注意到,当城市规划师考虑修建东西的时候,他们也得考虑不同的决策可能会造成犯罪率上升,或者污染和垃圾问题。

然而,在迁移的场景中,贝克特找到了玩家开始形成城市规划认知框架的最有力的证据。有个场景是一个小镇,小镇垃圾填埋场里的垃圾太多了。在游戏开始前,一个玩家的解决方案只是"再找一个新的垃圾填埋场"。事实上,这名高中生还没有我女儿和她朋友在玩《动物园大亨》时对事物间的联系和权衡考虑得多。

不过,游戏结束之后,这名玩家在处理与之相似的市回收站关闭的问题时,给出了更为具体的方案:

> 好的,首先,他们不应该关闭回收站的。他们本来可以削减其他东西,或者通过提高税率增加收入……我之所认为他们应该保留回收

站，是因为他们应该帮助减少垃圾量……他们可以出口垃圾，但那也要花更多的钱，而他们在缩减预算……我想说一下筹款……他们可以租赁场地，收停车费，他们还可以从租用人那里得到一定比例的租金。

注意，游戏结束之后，这一规划困境的解决方案是如何更具体，如何更有技术含量和创新性。玩家用规划专业的知识和价值观来分析问题。她运用了规划技巧来判断不同的选择（增加税收、出口垃圾和削减预算）所带来的问题。她考虑了每一种选择及其可能对复杂的城市生态的许多方面带来的影响。也就是说，在玩过游戏以后，玩家能用城市规划专业的认知框架看待问题并给出创新的解决方案。

不同的游戏

《模拟城市》是一款商业游戏，主要是为了娱乐而设计的。而《城市科学》旨在重新创造一种城市规划的实践活动。两者都形成了认知框架。前者形成了基于文化和实践（城市独裁者，希望是有见识的城市独裁者的实践）的不确定框架，而后者形成了城市规划的职业认知框架。

《模拟城市》可以是一个有用的教育工具，可以用来了解城市系统的相互关联，可以帮助玩家理解犯罪和交通等基本的城市问题，学会对预算、财政收入和征税进行思考，更广泛地说，学会理解在复杂的系统中控制情况的难度。但它的设计主要是为了好玩，从而能在商业游戏市场上卖得好。而《城市科学》是为了培养创新思维而设计的。

我们知道，城市规划师的训练实践能帮助他们建立规划专业的认知框架。贝克特的研究显示，玩家可以使用这一框架，如同美国规划协会所建议的那样，做到"具备技术能力和创造力……想象我们所生活的物质和社会环境的其他模样"。这款游戏很有趣，但它的设计初衷主要是作学习工具。

当然，乐趣和学习可以相互兼容。赛车爱好者可以在赛车游戏《GT赛车4》中通过高保真的模拟来了解赛车的驾驶动力学和赛道的布局。[9]但是，游戏的重点始终还是很重要。在极端的情况下，商业游戏可能会对现实社会中事物的运作方式做出不准确的危险描述。例如，最近，一位游戏评论家称《逆转裁判：王牌律师》是他"本年度最喜欢的游戏"，但他也指出："电视剧《甜心俏佳人》中最令人愤怒的几集，对法律体系的写照更加忠实……作伪证被处理成略有不当,如果证人给法官一些好处,他们就会有很大的回旋余地。"[10]

让认知游戏尤为独特的是,它们是以我们已经了解的学会创新思维的方式为基础,以使用创新思维来解决游戏之外的现实问题为基础。

设计认知游戏

根据现有模型设计,有别于根据基本原则来设计或是从零开始设计。我们知道,专业人员是在专业实践中培养技能、掌握知识、获得身份认知和价值观、了解创新认识论的,新手也是在专业实践的过程中与同行和导师一起解决专业问题、对工作进行反思的。在一般意义上,不管是建筑设计工作室、模拟谈判,还是工程、新闻和城市规划的顶点课程,它们在总体结构上都非常相似。但行动后反思的具体类型和形式在每一种实践中都很重要,因为它们提供了每种实践的不同专业视野的全貌。专业人士的行动中反思或者说随机应变能力,是在行动与明确的行动后反思的循环被内化的过程中形成的,也就是说,它们成了引导未来行为的职业认知框架的一部分。

因此,我们可以用认识论来分析实践,即通过观察行动的类型和行动后反思的类型形成职业认知框架。这样的分析很重要,因为大多数的专业实践都不是一成不变的,而是不断发展的。我的意思是,没有一个人或是一群人坐下来就能决定哪种培训建筑师、工程师、城市规划师和其他专业人员的方式最好。随着时间的推移,人们尝试了不同的方法,有效的就坚持,无效的最终被放弃。实践的效果并不一定理想,因为学习是一个复杂的过程。因此,实践的一些不太理想的因素可能会继续存在,因为它们要么很难被消除,要么是对其他重要事情有益。生物的进化常常就是这样,不是按照计划,而是通过渐进的变化来实现的。这些变化通常会让生物更好地适应当地环境,但也可能会保留一些有问题的东西,例如人类喉头的位置使得人既可以说话,又容易窒息。[11]

然而,这就意味着,我们不能完全用学习的原则来解释实践。我们能看到原则在发挥作用,能认识到对形成专业认知框架来说,实践的某些特征比其他特征更为重要,但是我们无法提取出可在所有地方使用的一般学习原则。

还记得《埃舍尔世界》的设计模板牛津工作室吗?对牛津工作室的一项分析显示,学生们在较长的一段时间里深入研究了项目,反复设计,不断提升,与同伴和导师进行一对一评图,向他们求教。这些项目为学生提供了很大程度的创意自由,他们还将作品进行公开展示,供大家讨论和评估。因此,这项分析提供了一长串关于项目在工作室中如何开展的指导方针,但这些指导方针并不是通常意义上的学习原则。相反，它们试图对牛津工作室有助于形成设计认知框架的关键方面进行明确的描述，因此，在为低年级的学生调整设计工作室的实践时，这些都是需要保留下来的重要内容。同样，《科学要闻》是以完整的新闻828课程为基础，而不是以对形成新闻认知框架而言最为关键的经验分享会、报道进展会和文本编辑会为基础。

认知游戏是以现有的专业培训为基础来创造虚拟世界的，它使用关键特征作为显性标记，而不是从现有实践中提取和抽象出一套原则，从零开始设计的。

没有一个来自 A 组

几十年前，心理学家安·布朗和她的同事开发了一门名为"学习者促进社区"（Facilitating Communities of Learners）的创新课程，简称 FCL。[12] FCL 纳入了一系列新的教学技术，包括互惠教学法（在阅读时，小组内的学生轮流向其他人提一些引导性的问题）和拼图教学法（学生分成小组学习一个主题的不同方面，然后组成新的小组，新的小组由掌握了该主题不同方面的学生组成）。

让布朗和她的同事感到沮丧的是，一些老师和研究人员将互惠教学法和拼图教学法用到了自己的课堂上。布朗之所以沮丧并不是因为人们窃取了她的想法，而是因为他们只窃取了其中的一部分。他们只使用了互惠教学法和拼图教学法而没有采用 FCL 中的其他内容，结果教学法并没有发挥作用。布朗和她的同事乔·坎皮奥内认为，举例来说，拼图教学法在 FCL 中能发挥作用只是因为它是 FCL 的一部分，如果学生不需要使用交换的信息来完成其他有意义的活动，那么拼图教学法就只是让学生交换了信息。而只有当老师和课程设计者明白 FCL 的基本学习原则是学生们通过合作来解决对他们来说重要的问题时，他们完成的活动才会有意义。

布朗和坎皮奥内认为，学习只是一个连贯系统的一部分，之所以有许多实施良好教育理念的尝试以失败告终，都是因为它们将连贯的整体看成一个个孤立的部分，布朗和坎皮奥内将其称为"一个来自 A 组，一个来自 B 组的菜单式"教育方式。

对专业实践的研究也存在类似的风险。认知游戏的重要特征之一是，它们不会从专业培训中提取出色的教育实践，将其融入现有的学校环境中。《埃舍尔世界》并不是在强调一对一评图是与学生讨论学习的良好方式。相反，在游戏中，一对一评图是更加复杂的行动和行动后反思系统的一部分，这个系统能产生特定的认知框架。同样，《科学要闻》也不是在说可以让新闻文本编辑脱离语境，用于传统的语言课堂。

随着时间的推移，实践会使得技术变得复杂精妙，帮助新手掌握职业的认知框架，而这些技术往往互相依赖，处于微妙的平衡状态中，认知游戏便是以上述理念为基础的。实践不能孤立地进行，它是一个连贯的体系，可以采用新技术对这个体系进行调整，以便学生能够在年龄很小的时候就开始形成创新的认知框架。

问　题

认知游戏总是通过提出一系列问题来构建的。这些问题一经提出，似乎就变得显而易见。但事实上，只有通过计算机创造虚拟世界，通过从认知框架的角度对思维方式进行思考，认知游戏的建构才成为可能。

所有的认知游戏都是从这样一个问题开始的：在这个世界上，有哪些事情值得我们去做？我们希望年轻人能够在生活中完成很多事情。有些事情因为经济原因而重要，比如能够平衡收支簿；有些更实用一些，比如会更换车胎；有些是关于自我实现，比如能欣赏一件艺术品或一段音乐；或者与人际关系有关，比如能对冲突提出建设性的意见；有些是关于公民权利，关于健康；还有一些在不同时间以不同方式与上述内容中的好几种有关，比如学习阅读。

然而，不管有哪些事情值得去做，这个社会上总有一些人知道如何去做。如果没有这样一个群体，人们就会认为这件事不值得做。如果它仍然值得做，那么期望孩子能做成人不能做的事情就会令人奇怪。所以，第二个问题是：谁知道如何做这种事，他们是怎样学会的？这个问题引出了前面提到的认识论研究，该研究详细调查了技能、知识、身份认知、价值观和认识论是怎样形成，与解决世界上重要问题的一群人的认知框架是怎样关联的。

最后，我们要问：这些学习方法别人怎样才能掌握？计算机使得创造虚拟世界成为可能，那么什么样的虚拟世界才能使得行动以及行动后反思成为可能，以形成让人们看到并解决这类问题的认知框架？这些问题的解答几乎总是涉及一些让模拟成为可能的技术，但它总是不仅仅涉及技术，因为游戏始终不只是仿真。认知游戏的虚拟世界重新创造了几乎总是与人、与事、与和同行以及导师进行反思以及与行动相关的学习实践。

我们所看到的例子表明，这种分析和游戏设计是可以通过一系列"值得一做的事情"来进行的。因此，认知游戏可能是重新思考，抑或是重建我们的教育体系的一种方式。

重建教育

有了认知游戏，年轻人不必等到进入大学、读了研究生或步入职场后才开始接受创新教育。《数字动物园》《埃舍尔世界》《潘多拉行动》《科学要闻》以及《城市科学》展示了在高科技、全球化、数字化的后工业时代中有效的学习方式可能是什么样的。为了使这一图景成为现实，这类游戏需要改变我们对课堂和商业游戏，以及对正式和非正式学习的理解。而实现这些改变的一个途径就是在"第三场所"中认识认知游戏。

"第三场所"是社会学家雷·奥登伯格杜撰的一个词，指的是咖啡馆、社区中心、咖啡店和一般的商店，这些地方既不是家也不是工作场所，是人们生活中的第三场所。人们常常去这些地方跟朋友聊天、闲逛，形成自己的"圈子"，分享成功和失败，并在此过程中表达不能完全在家庭或者工作中表达的问题和顾虑。[13]爱看电视的观众很快就能发现喜剧《欢乐酒店》中的酒吧——正如主题曲所唱的那样，"每个人都知道你的名字"——就是典型的第三场所。《老友记》中的中央咖啡馆、《宋飞正传》中的蒙克斯餐厅、《星际迷航》中的十前酒吧和夸克酒吧也是第三场所。这些电视上所展示的第三场所的吸引力，准确地说，在于在这里人们可以摆脱家庭和工作的束缚，自由展现本色，谈论他们认为重要的事情。

现在，认知游戏就是一种第三场所，或者更准确地说，是第三空间，介于正规教育和更传统的商业游戏之间的第三空间。[14]你可能会注意到，在谈论《城市科学》和其他已经开发和测试过的认知游戏时，我很少提及在学校里玩这种游戏。尽管一些游戏已经在学校中测试和使用过，尤其是"辩论游戏"和《潘多拉行动》，然而大部分是在其他地方开发和使用的，比如社区中心的课后活动、周末的拓展项目，或是暑期兴趣班。

在美国，超过250万的中小学生每周都会参加课外兴趣班。这些兴趣班的主要目的是让孩子在放学之后、父母下班之前有一个安全的地方可以待。但是，很多兴趣班也在努力为学生提供机会，让他们以不同的或者更有意义的方式接受教育。一种方式就是通过我所提到的这些电子游戏。或许，在不久的将来，认知游戏也会成为游戏研究员康斯坦斯·斯坦库勒所说的"虚拟第三场所"，比如《第二人生》《探索亚特兰蒂斯》这类多人在线游戏中的虚拟世界。在这些虚拟第三场所中，来自世界各地而不是来自一个街区或一个城市的年轻人和成年人聚集在一起,共同完成一项有意义的工作。[15]

我关注这些游戏是如何在学校之外应用的,是因为在今天的学校中,通过认知游戏来培养孩子的创新能力非常困难。游戏学者库尔特·斯夸尔详细分析过游戏文化与学校文化的不兼容,他的一些观点也适用于认知游戏。[16]教师很难让学生在为参加标准化考试做准备时抽出时间,所以,让学生在一天当中从一间教室来到另一间教室,从一个科目换到另一个科目,在40分钟的时间里完成创新非常困难,这是不奇怪的。

第三场所里的第三空间

现在,认知游戏不同于学校,也不同于大多数商业游戏。它们在第三场所的"童年版本"——俱乐部、兴趣班、夏令营和社区中心里的效果最好。在这些地方,认知游戏可以按照它们自己的内在逻辑发展,探索数字时代学习和教育的最大潜力。通过正式的课堂和自由的玩耍之间的第三空间,通过认知游戏,我们可以探索当游戏主要侧重于学习而不是像商业游戏一样聚焦于市场力量或像学校一样聚焦于当前的制度时,会出现什么情况。

毫无疑问,有些人会争辩,这是一种逃避。如果不考虑谁为它们买单,也不考虑作为综合教育体系的一部分它们如何运作,那么设计理想的教育游戏的目的是什么?难道不应该在严格的随机试验中测试这些认知游戏,看看它们是否比传统的教学方法更有助于提高考试成绩吗?

在当前的电子游戏市场,新游戏的制作成本很高,并且呈逐年上涨的趋势。因此,实验的范围相对较小。即使在行业内,像埃里克·齐默尔曼这样的游戏开发者也一直在呼吁,如同独立电影通过低成本小众电影来探索电影制作的新思路一样,他们也应该开发独立游戏。[17]

我们现代的学校体制也同样难以改变,因为无论是从政治还是经济方面来看,创新都是非常昂贵的。如果学校要适应新的社会经济条件,我们就需要开发让家长、老师、管理者、商界领袖、政治家和其他关心学校教育的人都欢迎的其他学习模式。当然,这些模式要能够切实帮助孩子在复杂的后工业化世界中成为创新的思考者这一点很重要。我们可以在传统学校的网络之外开发认知游戏,不是为了与学校竞争,而是要了解当我们跳出传统学校的教学大楼、教室、课表、科目和课程思考时,会发生什么。如果这给学校带来压力,或是让我们找到一种方法,让学校更好地帮助学生为迎接高科技、数字化、充满全球竞争的世界做好准备,那就更好了。

在童年版"第三场所"中,认知游戏是鼓励学生参与学校技术学科的高级课程的一个途径，这是最近一份有关全球化的国家报告所提出的建议之一。[18]更普遍地说，正如我们所看到的，这样的经历对青少年尤其是对中学生来说是有帮助的。心理学家阿尔伯特·班杜拉指出，对许多学生来说，中学是一个充满困难的转折阶段。在保护性更强的小学教育阶段结束之后，许多学生在学业、运动以及社交方面开始遇到困难。通过玩认知游戏获得的掌控感，会在学业和职业发展的关键时期增强青少年的自我意识和成就感。许多学生是在中学时开始放弃数学和科学的，研究表明，不少学生的职业发展轨迹很早就显现了出来。[19]此外，科学教育研究员杰恩·斯塔克和肯尼斯·马雷斯发现，如同我们在一项又一项对认知游戏的研究中所看到的，学生在拓展项目结束返回学校以后的表现引人注目，他们开始以新的、更积极的方式看待学校。[20]因此，在全球竞争的数字化时代，认知游戏可以帮助年轻人向在学业和生活中取得成功迈出重要的一步。

认知游戏可以做一些事情，但这些事情学校可能做得更好；认知游戏可以将数学、科学和社会学知识融入游戏，但商业游戏可能融入得更多。因此，认知游戏的意义并不在于上述方面。其意义在于，从根本上来说，它是一种有关学习的不同思维方式，基于完全不同的对思维方式的思考。它与孩子们在不断变化的世界中所需要的思维和学习方式有关。

认知游戏和学校

当然，学校和商业游戏都因越来越接近认知游戏而获益。我们可以想象，有一天，学校会与认知游戏产生更多的联系，逐渐远离标准化评估的标准化答案，从而开始解决在竞争激烈的社会中培养年轻人的创新思维的问题。但是，基于认知游戏的教育方式在解决困扰我们今天学校的其他问题上还有很长的路要走。

在学校学到的知识，孩子们并不一定记得很好。除了用于考试，孩子们往往无法将这些知识运用到其他方面，甚至有时候在考试中都运用不好。我们大多数人从一年级就开始学数学，但是很多人除了能完成售价99美分的计算器所能完成的运算以外（很多时候还完成得不好），别的就什么也不会了。在最近的国际数学和科学成就趋势调查中，只有7%的美国学生在数学上达到了最高水平。[21]

但是，学生记忆的知识和规则与解决实际问题之间的脱节，不会发生在基于知识的掌握和应用的认知游戏中。认知游戏不是让孩子先学习知识，了解信息，掌握理论，然后尝试应用，孩子们学习和记住它们，是因为玩游戏需要，也就是说，他们是为解决现实问题而学习和记忆它们的。

当然，《城市科学》这样的认知游戏中含有大量的知识。玩游戏的学生必须学会一套复杂的分区代码，理解它们的含义，了解其使用方法。必须弄明白犯罪率、住房存量、土地价值、税收、垃圾、交通和污染等复杂变量之间的关系。但这些信息并不是一套需要记忆的知识，而是作为一种专业的思维方式而使用的知识。这就是学生开展创新所需要的学习方式。

认识论很重要

然而，将认知游戏融入学校教育带来的最大变化，是让人们不再认为学校教育的目标就是学习数学、科学和社会科学知识。

这个说法似乎有些激进，因为自现代学校诞生以来，传统的学科知识一直是学校教育的重点。不论社会学科的隐性课程是什么，学校的显性课程都与学习基础知识相关，涉及无论学生以后选择从事什么工作都会使用的基本思维方式。

但是等一下。如果说数学、科学和历史重要是因为它们是思维方式的话，那么会计、医学和新闻也很重要，因为它们也是思维方式。这就是我们所说的，框架是"认知的"的含义。数学家、科学家和历史学家有他们认识世界的认知框架，这些框架将技能、知识和价值观融合在一起，以特定的方式来决定什么东西重要，对他们的行为进行解释，以证明其行为合理。

专门搞研究的数学家的认知框架不会比统计学家、会计或测量员的认知框架更基础。会计和测量员也要用数学，但他们学习和使用有关数字和空间的知识和技能解决的问题与数学家不同。会计和测量员不怎么用到形式证明，比如几何证明或其他证明。有人能够做形式证明对他们来说可能很重要，但他们是以不同的方式来思考数量和空间信息的。同样，对于数学家而言，使用逻辑回归法找出复杂数据中的模式或根据老旧、过时的记录准确绘制出地块图并不重要，对他来说，重要的是如果他想买房子，有人会做这些事情。所有这些职业都很重要。但是，考虑到每个人都应该学会用认知框架来思考问题，哪一种认知框架更为重要就是一个开放式的问题了。

如今，计算机使得年轻人借助专业人士训练创新思维方式的认知游戏来学习成为可能。所以问题不再是我们如何确保每个学生都能学好数学、科学和历史，相反，我们需要问：在后工业社会中，学生应该形成什么样的认知框架，才能成为潜力得到充分挖掘的有能力的公民？

掌握数学家、历史学家和科学家的认知框架可能是教育的一个重要目标。

也许，会计、记者和基金会官员的认知框架对于思考有关数字、公民和科学的问题更有帮助。又或者，我们也许可以认为在全球化的社会与经济中，生活的基本技能包括一系列认知框架，而不同的框架组合适用于不同的学生。实际上，只有当我们具有足够的认知游戏和足够的玩家，以了解哪些游戏最有趣、最具变革性、最有用，不同的游戏如何相互配合，如何用这些游戏来组织课堂之后，我们才能对上述假设进行判断。

我们关注哪些框架是实践和道德取向问题，而且归根结底是一个政治问题。但是，这个问题指向的是一种截然不同的教育方式，而这种教育方式与我们学校现在的发展方向相距甚远。

让所有人都能创新

1955 年，鲁道夫·弗莱斯写作了《为什么约翰尼不能阅读》一书，他认为自然拼读法是教阅读的唯一正确方法。50 年以后，自然拼读法成为美国学校普遍采用的教学方法。保守派鼓掌，激进派哀叹，然而实际上，约翰尼、约翰尼的父母、老师以及我们每一个人都有更重要的事情要担心。

学校要确保所有的孩子能读能写，这一点非常重要。但在当今世界，仅会读写是远远不够的。如果教育只是让孩子掌握一些其未来将要做的工作已经不再需要的技能，那么这种教育对我们的孩子来说，对我们在这个世界上能够生存下去来说是不够的。我们要开始让孩子，让所有孩子，无论来自贫穷还是富有家庭的孩子，无论是有天赋还是没有天赋的孩子，无论是来自城市的、郊区的，还是来自农村的孩子，都为迎接来自创新工作的挑战做好准备。

而认知游戏就是途径之一。

认知游戏利用新技术的力量改变了我们对教育的看法。在这些游戏中，技术使得创新实践成为可能，也让创新实践变得唾手可得。工业学校无法使用这些技术让学生为过上有建设性的、满意的生活做好准备，但它使得创造新的教学方式成为可能。认知游戏也许不是唯一的途径，但它们肯定是途径之一。

到目前为止，关于参与认知游戏的玩家是谁，他们来自什么学校，生活在哪个社区我很少提及，因为游戏的玩家来源广泛：有来自富裕家庭的，也有来自贫穷家庭的；有来自好学校的，也有来自差学校的；有来自城市的，也有来自郊区的；有的孩子在学校成绩很好，有的成绩不好；他们还有不同的种族背景。当认知游戏越来越普及，有越来越多的年轻人玩这些游戏时，我们一定会对不同玩家对游戏的体验有何不同有更多的了解。然而，迄今为止，这些年轻人从他们所玩的认知游戏中得到的收获，并没有显示出明显的差异。

认知游戏适用于来自不同背景、有着不同兴趣的年轻人，这点很重要。因为归根结底，开发认知游戏，让认知游戏得到广泛应用，既是一个教育问题，也是一个公平问题。如果我们不能让孩子为从事创造性工作做好准备，那么穷人的负担就会更重。如果我们不为重建教育体系而投资，让学生学会创新，那么富裕的家庭一定会为他们的孩子埋单，而作为民主社会基础的公共教育将枯萎凋零。

如果约翰尼没有学会创新，那是因为我们以前不愿意创新，是因为我们以前不愿意通过思考新的学习方式为约翰尼的教育进行投资。

某人与某事

这并不是说认知游戏是一个非真即假的命题，事实上，情况远非如此。对游戏进行引导的认知框架概念是对学习展开思考的一种有用的方式。它具有巨大的潜力，可以让商业游戏更具吸引力、更富教育意义，也能让学校课程更有趣，教学效果更好。

可能大家知道，经常有一些对学习型游戏（他们称其为"教育市场"）感兴趣的游戏开发商找到我。他们所开发的游戏有一些很不错，而另一些则不太行。但是当他们开始描述游戏理念时，我试图理解他们想要创建什么样的认知框架，以及他们怎样创建这个认知框架。通常，在这个过程中我发现，开发人员对认知框架的某些方面有所认识，而对其他方面则考虑得很少。也许你也想到了，我所看到的游戏大多是关于知识和技能的，关于身份和价值的出色游戏很少。

一位游戏开发员最近向我请教对一款非常有趣的游戏的建议，这是他正在设计的一款海洋生物学游戏，名叫《未知深度》。玩家在游戏中扮演科学家。游戏的故事脚本是，人们乘坐潜水器在虚拟的海洋世界中进行有趣的科研探索。他们要申请研究资助，要返回虚拟海洋中采集标本，在虚拟实验室里收集有关标本的数据，还要对研究的发现进行展示。项目越成功，获得的资助就越多。

在谈到《未知深度》时，很明显，开发人员很关心玩家在游戏中可能形成的对海洋生物的态度。他们是否会认为在动物身上做任何实验都是可以接受的？他们会不会在虚拟实验室里虐待虚拟动物？这种不当的学习方式会不会从游戏延伸到现实生活中？

我建议开发人员看一下海洋生物学专业的训练实践，看看实验技能和对动物的尊重观念之间的联系是怎样形成的。当然，申请资助的生物学家以及接收项目资助的学生都必须提交研究报告以供审查。他们要准备一份正式文件，对在实验中要做些什么事情进行介绍，对动物采用的试验方法必须取得委员会的同意。换句话说，详细了解海洋生物研究的实践情况，是让游戏成为学习工具的更为有效的一个方法。

从认知框架角度对认知游戏进行思考的过程，也适用于开发学校课程。举例来说，我班上的一名学生最近完成了一个有关小学科学课堂的期末项目。她对一个小学班级一个单元的科学课展开了观察，观察持续了几个星期。在这门科学课上，孩子们都是科学家。老师让这些一年级的孩子观察植物的生长，并把不同时期的植物画下来，要求他们说出植物不同部分的名称及其作用。在课堂上，老师把学生称为科学家，比如她说："好吧，科学家们，现在到了观察的时候了。"她认为学生们所做的事就是科学家所做的事："一个优秀的科学家做的实验总是非常细致的。"

我的学生从认知框架的角度对课堂活动进行了分析，她得出结论说，这位老师实际上是在带领大家玩一个认知游戏，但是在让这些一年级学生扮演真正的科学家的过程中，她还可以思考得更细致，前后更连贯。

在本书中，我反复强调这样一个观点，即帮助孩子通过玩电子游戏来学习的最佳方式就是和他们一起玩。和孩子一起玩就意味着让他们教你游戏，教你如何玩，告诉你要想玩好需要知道什么，需要会做什么。也意味着有机会和孩子一起讨论游戏，弄清楚游戏所创造的认知框架的好坏。《模拟城市》不是《城市科学》，但是当你用城市规划师的方式和孩子聊游戏时，《模拟城市》就变成了一个良好的学习机会。

认知框架和认知游戏不仅是对教育进行反思的有力工具，也是提升现有游戏、改善现有课程的有效途径。

清理垃圾

当然，也有人认为电子游戏是一个转瞬即逝的潮流，更有甚者，认为它是一种毒药，麻痹老幼玩家，浪费时间和金钱，是愚蠢的、毫无意义的、常常充满暴力的。[22]

已经有一些人提出了这个观点，但是吉伊的《视频游戏教给我们关于学习和读写的知识》，以及约翰逊的《坏事未必对你不好》并不这样认为。它们认为电子游戏是复杂的、富有挑战性的，而且非常重要。[23]在这里，我认为电子游戏不仅复杂，不仅富有挑战性，而且意义重大，因为它让我们获得了新的思维方式。

电脑使创造虚拟世界成为可能,并通过让我们在虚拟世界中生活使得思考和学习成为可能。它们改变了我们对印刷术、文字,甚至语言本身的先后关系的看法。电脑创造的新型游戏是一种交流、互动和娱乐的方式,它以独特的方式满足了信息技术所创造的充满全球竞争的高科技、数字化、随需应变、即时可用的后工业社会的需求。

电子游戏的虚拟世界也是学习的场所,它通过让玩家参与大量有意义的任务来学习。从事有意义的工作的人,即广义上用经验判断来解决死记硬背无法应对的复杂问题的专业人士,是通过实践来学会思考的。在实践中,即将成为专业人员的学生采取行动并与同伴和导师一起对行动进行反思。在此过程中,他们培养了技能,学习了知识,获得了身份认同和价值观,掌握了认知论(即专业的认知框架),形成了一种看待、研究及解决重要问题的专业方式。

电子游戏的虚拟世界可以重现这些实践,让年轻人通过玩认知游戏——旨在创造创新思维的认知框架的游戏来参与这些实践。这些游戏使我们有可能超越中世纪的学科范围,超越为工业革命而设计的学校的学科范围,提供在数字文化和全球经济下学习的新模式。

西摩·派珀特写道,当谈到学习时,能做什么是一个技术性的问题,该做什么是一个教育问题,将做什么是一个政治问题。[24]教育的未来不仅取决于认知游戏,还取决于我们是否愿意在不断变化的社会中改变我们关于思考和学习的思维方式。

有一天,当我女儿在玩《动物园大亨》的时候——《动物园大亨》是我们一年前买的游戏,仍然是她现在最喜欢的游戏——我从电脑前走过。她开心地在她建造的最新的、最精致的动物园里漫步,从小摊旁捡起垃圾,并跟在动物后面打扫卫生。

她看到我在看,于是说:"我现在真的很喜欢打扫卫生。"

"真的吗?"我回答说,"那太棒了!"

我那时的想法是,也许孩子的教育还有希望。

写给每位读者的话

最后,在数字时代,找到教育孩子的更佳方法的最佳途径是让成年人以一种新的方式思考学习,思考如何帮助年轻人形成有关专业创新的认知框架。我在本书中提到了许多游戏,包括认知游戏和商业游戏,学校中的游戏、家里的游戏、课后的游戏和暑期项目中的游戏,有关科学、历史、写作、经商和工程的游戏，以及有关其他重要实践的游戏。然而，不论这些游戏当中的任何一款是否是教育游戏的最佳范例，我都希望您记住，游戏作用重大：

→市面上有很多糟糕的游戏，就像有很多劣质图书一样，但是也有很多上乘的游戏。帮助年轻人成为有鉴别力的玩家的唯一方法就是让自己了解游戏。找一些你觉得不错的，你喜欢玩的，而且让你以有趣的方式思考的游戏。至少找到一款这样的游戏，当然越多越好。如果你不会阅读，你就很难判断是这本书不好，还是自己掌握的知识不够，以至于读不懂。游戏也是如此。

→记住，电子游戏都是虚拟的。游戏的好坏取决于你怎样玩。就像在孩子能够看懂书中的文字，甚至是看懂书中的图片之前你会和他们一起阅读一样，你应该在孩子很小的时候就开始和他一起玩游戏。和孩子一起读书有助于让孩子把读书当作一种乐趣、一种社交活动，当作重要的事情。和孩子一起读书为你提供了塑造他们的习惯以及早期阅读态度的机会。游戏也是这个道理。在课堂上，你可以让模拟成为让孩子参与重要实践的机会。从中获得的经验可以帮助孩子们学会用新技术以高效率、富于创造性的方式来思考。

→请思考你和你的孩子所玩游戏中含有的技能、知识、身份认知和价值观，尤其是认识论。想一想，这个世界上哪些事情是值得做的，什么样的思维方式对年轻人取得成功、获得幸福、让世界变得更美好至关重要。这些就是值得学习的东西，这些游戏就是值得玩的游戏。

注　释

引　言

1. 这份报告由美国国家科学院工程与公共政策委员会编写（2006）。

2. 美国国家科学委员会（2005）的研究显示，美国获得理工科学位的公民人数从 1988 年的 17 300 人下降到了 2001 年的 16 100 人。

3. 有关未来经济和教育危机的论述参见安德阿斯等（2005）、布伦登（2004）、伯吉伊斯和康奈尔（2006）、哈格尔和布朗（2005）、亨特（2006）、坎特（2001）、科海和辛格（2006）、马库森（2002），以及美国国家科学委员会（2005）发表的论著。这些论著讨论了许多领域的离岸外包和一般外包现象。弗里德曼（2005）在该方面的论著可能是最负盛名、最广为接受的。

4. 出自奥弗比（2003），网上可查。

5. 这些例子来自弗里德曼（2005），参见第 239 - 241 页。卡斯特尔斯（2000）和凯利（1998）对计算机和信息技术对外包的影响做了更加全面的论述。

6. 德鲁克（1993）、吉伊等（1996）、凯莉（1998）和里夫金（2000）讨论了后工业经济中创新与创新知识的重要性。

7. 关于留住外国留学生问题，参见《美国大学与学院联合会新闻》（2004）。

8. 贾德森（2005）和弗里德曼（2005）都对中国日益增强的工业和创新能力进行了阐述。

9. 参见"Good Chemistry"（2006）。

10. 弗里德曼（2005）。

11. 布里奇兰等（2006）的研究还表明，近一半的辍学者在没有文凭的情况下很难找到一份"好工作"，而四分之三的人表示如果他们能重来，他们会完成学业。

12. 计算机是一种变革性技术的观点现在已经得到了广泛认可。麦克卢汉（1962，1964）有关新媒体带来的文化变革和社会变革产生的技术红利的论述可能是最广为人知的。沙弗和克林顿（待刊），以及沙弗和卡普特（1999）阐述了计算机改变思维的具体方式。J. 默里（1999）着眼于表达，卡普特（1992）着眼于数学，迪塞萨（2000）着眼于科学，奥尔森（1994）着眼于读写能力，米切尔（2000）着眼于社会、经济和文化组织，克拉克（2001，2003）着眼于认知，特克（1995）着眼于计算机、超媒体和模拟时代的身份。质疑这一观点的论述参见波斯特曼（1993）。

13. 德莱弗斯和德莱弗斯（1986）简要介绍了计算机辅助教学和其他早期计算机教育方法。

14. 派珀特（1980）。

15. 梭罗（1995）和麦克菲（1971）的著作是环保主义和生态思想的经典。

16. 在《学校与社会》（1915）一书中，杜威写道："在关键时刻，我们都意识到，我们唯一遵从的纪律，唯一成为直觉的知识，都是在生活中学会的。"

17. 关于儿童文化复杂性的更多内容，参见约翰逊（2005）。吉伊（2003）和沙弗等（2005）讨论了早期文化和技术经验对未来学习的重要性。

18. 约翰逊（2005）更详细地讨论了电视、电影情节和电子游戏的相对复杂性。他指出，《欢乐满人间》的角色和故事情节远没有《海底总动员》丰富。同样地，解释游戏《吃豆人》所需的信息量远远低于有一本长达53 000字的使用手册的游戏《侠盗猎车手》。

19. 皮亚杰（1937，1948，1966）在不同语境下论述了玩耍的重要性。维果斯基（1976，1978）关于游戏与发展的观点在第一章中有更详细的讨论。布鲁纳（1976）讨论了游戏作为认知和发展探索的舞台的重要性。更多关于游戏和游戏发展角色的论述，参见加维（1990）、利拉德（1993）、萨顿－史密斯（1979）、希尔瓦等（1976）。

20. 这些数据来自克罗利和雅各布斯（2002）关于在日常家庭活动中建立专业知识岛的开创性论文。该研究对参观博物馆的家长和孩子谈论一组化石复制品的情形进行了录像。对话摘录自第345页，我为这个男孩取了一个假名，以方便在后面提到这段对话。

21. 维特和贝克（1997）认为，由于青少年特别是城市青年缺乏成人榜样，所以课外活动对孩子的社交能力和智力发展越来越重要。

22. 库班（1986，2001）认为，尽管随着时间的推移，会有新技术涌入，但学校教育的基本结构仍然保持不变。这个话题在第一章中有详细的讨论。

23. 麦克卢汉（1964）的名句"媒介即信息"，意思是媒介的内容（小说中的故事或电影中的情节）不如媒介本身的结构重要。

24. 特克（1995）论述了在讨论作为模拟文化的数字文化时，模拟在我们与计算机的互动中的中心地位。

25. 沙弗和卡普特（1999），以及沙弗和克林顿（待刊）详细论述了将工作，尤其是认知工作"卸载"给计算机的重要性。

26. 虽然不是判断学术成就的绝对的黄金标准，但《时代周刊》列出的20世纪最重要的100人名单中，只有一位心理学家，即皮亚杰。

27. 皮亚杰一生著述颇丰，其重要研究文章都可以在格鲁伯和弗内歇（1995）书中查到。对皮亚杰著作的简短而恰当的总结，包括关于发生认识论概念的论述，参见加德纳（1982）。

28. 在杜威（1915，1916，1938）的诸多著述中，广为人知的都是关于其教育哲学的著述，有关他的研究在第四章中有更详细的讨论。

29. 罗杰斯（2002）和舒茨（2001）是在当代语境中使用杜威理论，对杜威理论进行更新，以及用其他方式应用杜威理论的众多学者之一。

30. 这一句引语是派珀特（2005）著作的标题。

31. 欢迎有兴趣的读者访问网站 http://epistemicgames.org，该网站提供了本书提到的游戏和其他正在开发的游戏的最新信息。

32. 奥托等（2003，2006）对这些研究展开了论述。

33. 拉奥等（2001）的研究表明，创新措施（尤其是专利）、生产率和人均国内生产总值之间存在着很强的正相关关系。创新能力更强的国家更富裕，经济增长更快。

第一章

1. 关于第一次电视辩论的更多内容，参见施莱辛格等（2003）。

2. 在本书中，我提到了一些参与游戏的人以及专业人士。出于对他们的隐私的尊重，本书提到的所有玩家、学生以及其他人的名字我都进行了更改。假名不涉及本人信息（年龄、性别、种族、社会经济地位等）。

3. 派珀特（1980）在他对乐高编程语言的讨论中对"硬乐趣"进行了描述，解释了为什么人们愿意承担困难的任务，以追求他们的目标。

4. 休茨（1967）对游戏进行了定义，认为游戏并不主要在于乐趣，其观点与近期吉伊（2003）提出的一样，虽然两者都强调游戏的目标导向性，但由于我在文中讨论的原因，我认为目标导向可能不是游戏概念的核心。维果斯基（1978）对游戏的规则特征进行了描述，明确否认游戏是以娱乐为中心的。

5. 约翰逊（2005）详细论述了玩现代游戏的挫折和困难。

6. 巴图（1990，1996）的分类法在多人在线游戏研究领域内广为人知，其他研究者对其进行了质疑和拓展，比如斯坦库尔（2005a）。

7. 《魔兽世界》的玩家经常举办比赛，包括按时间顺序对玩家进行排名的阶梯锦标赛。参见 www.battle.net/war3/tournaments/season3.shtml。

8. 游戏《龙与地下城》也是一种竞技游戏，就像生活本身。但对大多数玩家来说，这个游戏仅仅是个人所做之事，不在乎输赢。

9. 参见维果斯基（1978），第 94 页。

10. 当然，根据这个定义，任何系统化的社会活动都可以被视为一种游戏，这与以下学者观点一致：戈夫曼（1963，1967，1974，1981）分析了游戏中的社会互动，维特根斯坦（1963）把所有的语言都看作游戏，还有 M. 唐纳德（2001），他认为职业也是一种角色扮演游戏。本书认为，乐趣和胜利都不是游戏的决定性特征，安全也不是。游戏可能有危险性，比如踢足球可能会受伤，赌博可能会输钱。尤尔（2003）等游戏研究者主张对"游戏"进行更具体的定义，但游戏的每一条判断标准都有例外。一些理论学家，如林德利（2005）试图构建游戏类型学，但他们所建构的类型学都包括某种形式的角色和约束这些角色行为的规则。

11. 尽管这个例子对成年人来说可能有点病态，但孩子们经常会玩一些令他们害怕而又着迷的游戏。涉及黑暗主题的著名儿童小说有《格林童话》，例如汉塞尔和格雷特被他们的父亲反复抛弃，最后死去。在第一次看过电影《安妮》后，扮"孤儿"是我女儿最喜欢的游戏之一。关于儿童幻想主题的更多内容，参见贝特尔海姆（1977）。

12. 完整的案例和讨论参见维果斯基（1978）。

13. 游戏生产商电子艺界（www.ea.com）称，2002 年初，《模拟人生》在全球卖出了 630 万册。它是 2000 年和 2001 年最畅销的电脑游戏，已经被翻译成至少 13 种不同的语言。

14. 维果斯基（1978），第 94 页。

15. 布鲁纳（1976）认为，游戏为研究各种不同可能性提供了机会，虽然他的研究侧重于物理而非社会情境。关于游戏及其作用，参见加维（1990）、利拉德（1993）、萨顿史密斯（1979）、西尔瓦等（1976）。

16. 德莱弗斯和德莱弗斯（1986），第30页。

17. 沃尔班克等（1977），第535－536页。

18. 温伯格（1991），第75页。

19. 上面的引文来自温伯格（1991），第83－84页。

20. 温伯格（1991），第84页。

21. 温伯格（1991），第84页。

22. 温伯格（2001）详细探讨了历史思想的本质。当然，关于这个问题的历史学文献非常丰富，包括从经典的科林伍德和诺克斯（1946）的著述到更多当代研究者，如莫里斯铃木（2005）、德尔和塞德奎斯特（2006）的著述。

23. 帕金斯（1992），第85页。温伯格（1991）在分析中同样提到了施瓦布（1978）的"句法知识"概念，温伯格称其为"关于在一门学科中立论并判断对立观点是否合理的知识"（第84页）。

24. 比尔和亚历山大（2005）从心理学角度研究了认识论的领域特异性：学生是否以及如何对不同学科的论证和解释的性质有不同的理解。唐纳德（2002）研究了大学层次研究领域的认识论结构的差异。在这两种情况下，不同的学科和实践都具有不同的论证结构和不同的判断标准。

25. 对皮亚杰认知阶段概念的总结，参见加德纳（1982）。

26. 温伯格（1991），第73页。

27. 本节的数据来自泰克（1974）对现代学校系统发展情况的权威概述。

28. 泰克（1974），第29，40，74页。

29. 泰克和库本（1996）以及泰克和托宾（1994）对教育基本原则的概念进行了分析。

30. 有关技术被作为社会、自然和心理现象的隐喻的方式的更多内容，参见提希（1987）。

31. 转引自泰克（1974），第43页。

32. 转引自泰克（1974），第55－56页。

33. 转引自泰克（1974），第54页。

34. 弗里德（2005）把学校教育看作一种游戏，并概述了游戏规则。他得出结论说，学生学习的大部分内容都是关于如何"玩这个游戏"。虽然它本身可能也是一种基本的能力，但它是以牺牲将来取得成功所不可或缺的技能、理解能力和思维习惯为代价的。参见特里普（2005）。

35. 隐性课程的理念源于杰克逊（1968）。

36. 教育理论家保罗·祖克（2004）和罗伯特·弗里德（2005）论述了当代教育的被动性、认识论的一致性和僵化性。

37. J.S.布朗和杜吉伊德（2002），第95页。

38. 达文波特（2005）。

39. 统计数据来自达文波特（2005）。虽然这两个具体数字完全取决于什么是知识性工作和复杂思维能力，但即使保守的估计也表明，社会提供的工作机会和能获取这些工作的有技术的劳动者数量是不匹配的。计算机技术造成了现代社会对劳动力的高技能需求的相关论述，参见奥特尔等（2003）。

40. 对历史课程辩论活动感兴趣的读者可以参考温伯格和威尔逊（1991）有关老师组织辩论的方式的分析，或参考麦克阿瑟等（2002）关于有学习差异背景的学生的辩论。

41. 斯夸尔（2004a，待刊）对《文明》游戏，以及如何以之为工具来学习历史思维进行了详细分析。戴蒙德（2005）论述了一种基于不同地域文明之间的资源分配和结构差异的历史分析方式，而非如传统研究一样，关注在许多教科书中占据主导地位的意识形态或杰出的政治角色。从这个意义上讲，《文明》游戏在特别丰富的语境下思考了历史研究的独特认知方式。

第二章

1. 下文以及斯瓦罗夫斯基和沙弗（待刊）都对该游戏进行了详细论述，相关信息参见网站 www3. interscience. wiley. com/cgi – bin/abstract/112655434/ABSTR – ACT。

2. 参见斯瓦罗夫斯基和沙弗（2006）的相关论述。

3. 周末组的实验做了两次，每次有 6 名从威斯康星州麦迪逊市的中学招募的学生参加这个"关于工程和物理的课后项目"。玩家的社会经济背景各不相同，有 10 名男学生，2 名女学生，其中有 5 名是有色人种学生。第一组玩家是七年级学生，第二组是六年级学生。在夏季组中，有 13 名学生为丰富他们的夏季生活参与了游戏。斯瓦罗夫斯基收集了自愿参与游戏研究的学生的数据。更多有关 PEOPLE 项目的信息可以查阅网站 www. diversity. wisc. edu/

people/mainpage/。

4. 克劳利与雅各布（2002）用"explanatoids"这个术语来描述父母与孩子之间解释性谈话的简短片段。斯瓦罗夫斯基用"exploratoids"一词来描述玩家与索达构造器的短暂的、反复的互动。这些互动累积在一起，共同构建了与某个方向相关的专业知识。她认为，它们在建立专业知识岛上发挥了类似的作用。

5. 与10小时的独立游戏相比，更长版本游戏的第一关做了一些改进和强化，其他方面也有不同，但游戏的基本结构不变。

6. 虽说在游戏中谈论设计生物的"成本"似乎有点奇怪，但是每给一个生物增加一点结构元素都需要进行额外的电脑计算，以了解其运动与互动的情况。越复杂的生物需要的时间越多，需要的钱也越多。因此，虽然在索达构造器里构建生物不会产生相关成本（在简单模型中，额外的设计元素并不会使生物移动得更慢），但从客户的角度来看，一个重要的要求就是，这些生物的结构元素能少则少。

7. 商业背景下跨部门团队的更多信息参见帕克（1994）的相关论述。关于学校教育如何能（或不能）让学生为参与此类商业实践做好准备的讨论，参见吉伊（2004）的有关论著。

8. 普伦斯基（2003），第9页。

9. 加德纳（1991）讨论了这一研究成果。麦克德莫特（1998）全面阐述了学生掌握的物理学概念和他们对概念的误解情况。

10. 古德温（1994）。

11. 这些数据来自迪金森和纽曼（2006），以及施勒佩格雷尔（2004）。有关学术语言技能对于学习和事业成功的重要性的更多内容，参见吉伊（2004）的相关论述。

12. 赫希等（1988）。

13. 关于认知进化的进一步讨论在沙弗和卡普特（1999）以及沙弗和克林顿（待刊）的有关论著中有更详细的介绍，他们的研究都建立在 M. 唐纳德（1991）研究的基础之上。

14. 当然，这是我们成年人有时也需要重新学习的一课，就像禅师提醒我们把注意力集中在月球上，而不是指向它的手指。

15. 这在一定程度上是因为大多数人在成长过程中，都是将语言而不是手势作为交流的主要手段，所以在这种比较中有一个实践效应。尽管在进化时期，草原上的生活需求可能会比今天更强调语言相对于手势的优势，但使用手势依然可以很有效地进行交流。

16. 布鲁纳（1986，1996）和纳尔逊（1996）与M.唐纳德（1991）一样，详细地论述了口头文化的重要性。

17. 卡普特和罗斯谢尔（1998）、史蔓特·白斯拉特（1978，1992，1994）以及奥尔森（1994）更深入地论述了书写的起源和影响。

18. 牛顿的引力定律是以开普勒对行星运动的实证研究以及伽利略对地球上物体运动的实证研究为基础的，这一伟大发现将这些运动现象和天体现象看作同一基本物理力作用的结果。

19. 有关医学与书写的联系的更多内容，参见沙弗等（2002）。

20. 论述技术与认知的紧密联系，即论述我们如何思考以及用什么工具思考的文献众多，参见克拉克（2003）、恩格斯托姆（1999）、拉图尔（1996，2000）、诺曼（1993）、皮尔（1993）、沃茨奇（1998）的论著。

21. "常见问题解答"是游戏玩家和其他类型软件用户收集的常见问题及其答案。"作弊代码"是有关如何在游戏中解锁高级功能或关卡的信息。虽然这个名字听起来带有贬义，但这些代码往往是玩高级关卡必不可少的。更详细的讨论参见约翰逊（2005）。

22. 沙弗和卡普特（1999）介绍了这个术语。沙弗和克林顿（待刊）对这一术语进行了更详细的论述。

23. 参见萨洛蒙（1993）。

24. 如果我们在让科技为我们服务之前都要学会人工操作的话，那么也许我们也应该学习提取平方根的算法，这样我们才能真正理解平方根。当然，有些人确实需要了解基本算法，以便为计算机编写程序，但这并不意味着每个人都必须学习所有东西。毕竟，我们大多数人只需学会用冰箱，而不是自己造一个。同样，计算机使得学校课程中许多知识变得更重要或是完全不重要。

25. 派珀特（1980）。

26. 这个例子出自诺斯和霍勒斯（1996）的相关论述。

27. 主要包括：对符号微观世界里的数学和科学内容所做的研究，如哈雷尔和派珀特（1991）、雷斯尼克（1994）和迪塞萨（2000）分别对LOGO、StarLogo、Boxer展开的研究；对直接操作环境的研究，如戈登伯格和库奥克（1998）、塞拉（1997）以及沙弗（2002）对《几何画板》进行的研究；对游戏中市政学、经济和城市规划知识的研究，如亚当斯（1998）对《模拟城市》所做研究；对游戏中的历史知识的研究，如史密斯·格拉托和费希尔（1999）对《俄勒冈之旅》，弗莱伊和弗雷杰（1996）以及斯夸尔（2004a，待刊）对

《文明》所做的研究。霍勒斯等（2002），以及霍勒斯和诺斯（1996）对微观世界的互动性质进行了介绍。

28. 吉伊（2003）。

29. 佐克（2004）论述了"在无组织的环境中，用非正式的发现的方法来学习具体与抽象知识"的困难（593页）。同样参见沙弗等人（2005）的相关论述。可以用"思维定势"这一心理学术语来进行描述，也就是说，反复采用一种方法来解决需要用不同方法来解决的、具有相似特征的问题；参见 J. R. 安德森（1980）。

第三章

1. 有关《埃舍尔世界》的更多信息，详见沙弗（1997a，1997b，2003a）。《埃舍尔世界》所基于的对有关工作室的研究详见沙弗（2002，2003b，待刊）。

2. 内森和彼得罗西诺（2003）提供了大量关于数学教学中的抽象问题的文献资料，尤其是有关专家倾向于使用抽象问题进行教学的资料。

3. 加德纳（1982）。

4. 博勒（1993）对单词问题以及孩子在学习单词时遇到的困难进行了概述。

5. 阿尔伯斯（1971）。

6. 沙弗（2002，2003b，待刊）对牛津工作室里"一对一评图"的情况的介绍更详细，舍恩（1983，1985）的介绍简要一些。

7. 关于设计实践的文献非常丰富，设计专业教育方面的研究文献参见安东尼（1987）、布里格斯（1996）、查菲（1977）、弗雷德里克森和安德顿（1990）、海德（1990）、利德维茨（1985）、谢波德（1999）、乌罗格卢（2000）以及温勒（1978）。

8. 关于 M. C. 埃舍尔的作品所涉及的数学知识，详见沙特施奈德（1990）。勒布（1993）详细讨论了转换几何涉及的数学知识，而林德奎斯特和克莱门茨（2001）以及吴（1996）的论著讨论了几何在数学课程中的作用。

9. 该程序可购买，程序出版商还提供了一些活动书，对如何在数学课堂上使用该程序进行了说明。

10. 登伯格和库奥克（1998）从理论角度更详细地论述了《几何画板》的特性。关于《几何画板》在传统教室中的使用情况，详见金和沙特施奈德

（1997）。

11. 在画板中构建正方形的一种方法是画一条线段 AB，然后从点 A 和点 B 出发，分别画一条垂直于线段 AB 的直线。中心为点 A，半径长度为 AB 的圆和新画线段的交汇点就是点 C。从点 C 画一条垂直于 AC 的直线，得到正方形的最后一个顶点，点 D。

12. 学生的转换几何书面测试成绩在第二次采访时有显著上升（游戏前采访测试的平均值是 58%，游戏后采访测试的平均值是 72%，$p < 0.01$）。在三个月后的最后一次采访中，学生的测试成绩保持稳定（最后平均值是 72%）。代数测试的分数在三次采访中都没有明显的变化（三次比较，$p > 0.50$）。详见沙弗（2005c）。

13. 班杜拉（1997）。

14. 西尔弗等（1995）。

15. 我们可以在德莱弗斯和德莱弗斯（1986）的相关论述中找到关于自行车的举例，以及更详细的关于程序性知识和陈述性知识的内容。

16. 关于知其然与知其所以然，即陈述性知识和程序性知识的区别和重要性的更多内容，详见布劳迪（1977）。

17. 客观来讲，数学考试经常要求学生计算或推导出答案，从这个意义上说，考试的内容是程序性知识，而不是陈述性知识。然而，在大多数情况下，我们只能根据答案来评估成绩，答题的过程从来没有被考官看到过，也没有在考试中得到评判。这就是应试教育学校一直在强调学生们要通过提高自己的解题技巧来提高成绩，但是却不注重考试的真正目的——培养学生的理解力的原因。大学预修数学考试微积分 AB 和 BC 在这方面是个例外，因为该考试既重视结果也重视过程。

18. 杜威（1915），第 33 页。杜威在该研究的前面部分（第 26 页）中说过："我们现在的教育体系是高度专业化的、片面的、狭隘的。它是一种几乎完全由中世纪的学习观念所主导的教育体系。它在很大程度上迎合了我们与生俱来的学习欲望，迎合了我们对学习知识、积累知识的渴望，但是它不能激发我们创造和创作的冲动。"

19. 详见马沙克（2003）。

20. 关于积累个人经验重要性的讨论，详见 B. J. 齐默尔曼和克利瑞（2006）。该研究结果得到了包括西尔弗等（1995）在内的支持，他们的研究表明，先前获得的经验能提高一个人的成就感。

21. 弗里德曼（2005）。

22. 详见杜威（1982）和加德纳（1982）。索耶（2006）对有关创造力的研究做了全面综述。

23. 辛普森（1988）。1964 年 6 月 2 日，《纽约先驱论坛报》报道了这一讲话。

24. 列维－斯特劳斯（1982）在研究美洲西北部印第安人在仪式中使用的面具后得出了该结论。详见加德纳（1982），他更加详细地论述了包括艺术、技术和语言在内的表达方式只有在更大的符号系统中才会具有意义和创造性。也就是说，创新总是意味着新颖和与众不同。

25. 引自拉比诺的内容出现在奇克森特米哈伊（1996）论著的第 49－50 页。引自奇克森特米哈伊的内容从第 51 页开始。

26. 加德纳（1982）专门谈到了艺术创造力，但他认为，按照古德曼（1968，1978）的观点，艺术是符号系统，遵循相同的普遍使用规则和发展规则。也就是说，艺术和科学是不同的，但它们的符号系统和发展路径的本体论地位或功能关系是相同的。奇克森特米哈伊（1996）就跨越符号领域创新过程的相似性提出了同样的观点。

27. 尽管木匠和外科医生都能解决不同的问题，都需要运用专业判断能力，但对于外科医生来说，判断失误的后果往往更严重，当然从传统意义上说，这也是他们的薪水和地位更高的原因。弗雷德逊（2001）等职业社会学家认为，专业人员的地位取决于他们的入职门槛（专业培训机制以及认证机制），以及对精英群体的传统服务。然而，斯泰西（1992）主张把专业（专业人员的工作方式）与职业（职业的经济地位、社会地位和机制）分离开来。在本书中，我用 Professional 一词来指代正式职业，用 professional 一词指代与职位或社会地位无关的专业思维和行为方式。有关这一区别的更多内容，详见阿博特和华莱士（1990）。

28. 关于全面质量管理在生产过程中的职业内涵的更多内容，详见贝里（1991）、蒂尔（1997）。

29. 罗斯（2004），第 1 页。

30. 舍恩（1985），第 27 页。

31. 我个人对该概念的研究参见后面第五章的论述。沙弗（2004a，2005a，2005d）、沙弗等（2005）对有关该概念的研究做了更为详细的论述。瑞安等（1996）对专业实践研究进行了概述。沙利文（2005）阐述了职业和专业培训的现状。

32. 这个词是由飞利浦（1972）创造的。沙弗（2005d）对"参与结构"

做了更为具体的论述，该词在此处表示特定领域的一种互动形式。

33. 维果斯基（1978）对最近发展区做了详细论述。关于该话题的更新的论述，参见布兰斯福德等（2000）。

34. 伯雷特和斯卡达玛丽亚（1993）阐释了不断学习和拓展专业技能的重要性。有关高效脑力工作者所承担风险的论述，详见达文波特（2005）。

第四章

1. 沙弗（2004a，2004b，2006）对《潘多拉行动》做了更为详细的论述。

2. 关于异种移植科学以及异种移植伦理问题的专著有很多。前者包括库珀（1997）、莫尔纳（2006）和普拉特（2002）的专著，后者包括麦克林和威廉姆森（2005）、罗林（2006）、罗斯布莱特（2004），以及素康立（2000）的专著。

3. 可以在世界卫生组织网站 www. who. int 上查到有关这些传染病的信息。

4. 在博世（2001）、赛克斯等（2004）和世界卫生组织（2005）的档案中都有详细记载。

5. 对于器官衰竭终末期案例来说，生物医学技术的最新进步表明，异种移植可能不是提供移植器官的唯一方法。根据最近的新闻报道（比如，www. cnn. com/2006/HEALTH/conditions/04/03/engineered. organs/index. html），研究人员现在可以通过提取病人的膀胱细胞来培养新的组织，用于膀胱的修复。此外，新思想、新工具和新技术的发展速度如此之快，对解决现实社会问题来说，具体的知识已经不如了解如何进行创新思考有用。

6. 费舍尔（1997）对互利共赢式谈判方法进行了论述。更多有关互利共赢式谈判教学的内容，详见萨斯坎德和考博恩（2000）。有关谈判理论和实践的研究被应用到了各个领域的教学和实践中，参见普雷塔（1998）的国际关系研究和萨斯坎德（1994，2000，1997）的环境政策研究。

7. 另一项研究是在市中心的一所特许学校里进行的，两项研究结果相似。我们没有收集两项研究中参与者的统计信息，另一项研究的更多信息参见沙弗（2004a，2004b，2006）。

8. 玩家制作的图中的节点平均数由 9.6 增加到 10.6，$p < 0.05$。链接的平均数从 12.8 增加到 18.5，$p < 0.01$。更多关于这些结果的信息，详见沙弗

（2004b）。

9．所有这些情景迁移问题，基本格式相同，但故事背景不同。我们设置了对应的问题，以确保玩家在游戏结束之后的回答不会受到之前看过的问题的影响。我们还改变了问题的顺序和玩家在游戏前后看到的问题的版本。

10．杜威（1915），第 36、37 和 58 页。

11．杜威（1915），第 38 页。

12．杜威（1934/1958），第 60 页。

13．奇克森特米哈伊（1996）。

14．杜威（1934/1958），第 60 页。

15．更多关于实验室学校的信息，详见麦南德（2001）。

16．奎逊纳棒是一种长方形教具，长度值为 10，每个长度值对应一个不同的颜色。在传统教育中，学生们会用这个工具来探索初级数学概念，包括整数、分数、尺寸、面积、周长、对称等。详见戴维森（2002）。

17．有关这些活动的更多信息，详见利奇菲尔德等（1997）、埃文斯等（2001）、《政治机器》（2004）、《侠盗猎车手：罪恶之城》（2004）。

18．杜威（1933），第 150 页。

19．杜威（1915），第 38 页。

20．杜威（1915），第 111 页。

21．杜威（1916），第 215 页。

22．温伯格（1991），第 84 页。

23．杜威（1938），第 88 页。我认为，推理的科学模型是杜威理论中教育经历的终点，这个观点目前尚有争议。这个观点与朱厄特（2003）和罗蒂（1982）对杜威的理解一致，但遭到其他人，比如希克曼（1990）的反对。关于此处观点的更多内容参见沙弗（2005b）。

24．基根（1982），第 191 页。

25．详见奇克森特米哈依和拉森（1984）以及奇克森特米哈依和施耐德（2000）。引文来自奇克森特米哈依等（1997），第 219 页。

26．参见，如，达文波特（2005）。

27．转引自克罗格（2000），第 31 页。克罗格对这些发展相关的问题进行了概述。帕哈雷斯和乌尔旦（2006）在近期的论著中论述了成就感对青少年发展的重要性。

第五章

1. 富兰克林（1986）、加德纳等（2001）、默里（2000）和斯图尔特（1998）讨论了记者在成为职业记者的过程中所经历的个人转变。霍伯斯丹（1994）就自己当记者的成长经历讲了一个特别引人入胜的故事。

2. 罗兹和戴维斯（2003）论述了新闻培训中顶点课程的作用及重要性。"osmosis"一词来源于霍伯斯丹（1994）。

3. 有关新闻起源的更多内容，详见加德纳等（2001）以及科瓦奇和罗森斯蒂尔（2001）。

4. 穆雷（2000）。

5. 埃杰顿（1997）。

6. 贾尔斯（1969）。

7. 穆雷（2000），第25－26页。

8. 加德纳等（2001）。

9. 加德纳等（2001），第50页。

10. 科瓦奇和罗森斯蒂尔（2001），第111页。

11. 邦顿等（1999），第 iv 页。

12. 富兰克林（1986），第71页。

13. 富兰克林（1986），第75、181页。

14. 关于信息处理和学习的图式理论的关键研究，参见 J. R. 安德森（1980，1993）、布鲁纳（1973）、希等（1981）、科布（1987）和平克（1997）。

15. 关于群体实践的经典著作参见莱芙和温格（1991），下一段中的例子都来自他们。还有其他一些同样出色的研究，包括布迪厄（1977）、哈钦斯（1995）、莱芙（1988）、罗格夫（1990）和温格（1998）。

16. 我们通过采访以前做过记者的老师，选择了新闻828这门课。他们认为，中级课程在他们的学习生涯中发挥了关键作用，让他们获得了成功进入新闻业所必备的技能。我们选择了两门中级课程进行观察，同时对新闻入门课程以及校学生报纸进行了观察。我们深入采访了该课程的学生，并与学生报纸和本地报纸的记者和编辑进行了交流。

17. 苏利文（2005），第207－210页。

18. 关于迁移问题，详见 J. R. 安德森（1980）和德莱弗斯和德莱弗斯

（1986）。有关目前学习理论的综述，详见布兰斯福德等（2000）。

19. 哈钦斯（1995）。

20. Byline 由大卫·哈特菲尔德开发，有关 Byline 的详细内容，参见哈特菲尔德和沙弗（2006）。

21. 有 10 个 PEOPLE 项目的学生为了丰富自己的暑假经历，参与了这个游戏。哈特菲尔德和马尼菲科收集了愿意参与这项研究的学生的数据。在这些研究当中，我们没有收集关于参与者的更具体的个人信息。

22. 与游戏前的采访结果相比，在游戏后的采访中，玩家提到的学校科目中涉及的科学话题的数量从 2.21 下降到 1.14，而把科学当作一种社会力量的平均数量从 0.29 上升到 1.50（两种结果中，p <0.05），参见沙弗和斯夸尔（2006）。

23. 杜威（1938），第 37 页。

24. 吉伊（2003）。

25. 霍尔沃森（2005）对这些身份维度之间的交互作用进行了概述。关于青少年身份转变的概述，详见克罗格（2000）。当然，关于身份理论的发展和社会文化研究众多，包括费尔德曼和艾略特（1990）以及萨多夫斯基（2003）。

26. 更多关于"可能的自我"的研究，详见马库斯和纽瑞斯（1986），引用出自第 954 页。

27. 详见高夫曼（1974，1963）。游戏学者加里·番（1983）使用框架分析来研究真实、虚拟和投射性认同之间的关系；也详见吉伊（2003）。番的研究聚焦于非电子角色扮演游戏。通过观察对有价值的社会实践框架进行再创造的游戏，我将这项研究进行了拓展，详见沙弗（2004，2005a，2005d）。

28. 更多关于多重身份的研究，详见斯特赖克和伯克（2000）。

29. 罗德和沙弗（2004）对有当地文化背景的实践团体的概念进行了总结。

30. 当然，有关文化和群体概念的研究非常广阔，本书限于篇幅不能涉及。科林斯和弗格森（1993）、福柯（1972）、格尔兹（1973）、诺尔－塞蒂纳（1999）、库恩（1963）、珀金斯（1992）及舍恩（1987）提出了一些具有开创性的想法。

31. 吉伊（2005）和沙弗等（2005）从职业身份发展的角度对游戏进行了更详细的分析。

32. 该引用来自游戏手册第 2 页，也可以在沙弗等（2005），第 107 页找到。

第六章

1. IGN 在 2005 年列出了排名前 100 的游戏，该排名在 http://top100.ign. com/2005/index.html 上可以看到。

2. 亚当斯（1998）论述了在地理课上使用游戏的好处。弗莱和弗拉吉伊（1996）研究了小学和中学阶段的社会课程，发现了游戏对认知技能和阅读理解的提高作用。

3. 拉图尔（2000）和莱姆基（2000）阐释了时间尺度在生态和社会系统中的重要性。例如，他们认为，不同的互动模式和变化过程所花时间不同，有的在几分钟内就发生了，有的要经历漫长的演化过程。时间跨度短的主要是本地互动，时间跨度长的涉及更大的变化范畴。每一种都突出了系统的不同特征。比如，从长远来看，教育体系的恶化会导致城市人口结构的巨大变化。但是，在某一预算周期内，学校董事会应该做出哪些具体决定，我们无从得知。

4. 有关《模拟城市》的优缺点的更多内容，请参阅斯塔尔（1994）、贝克特和沙弗（待刊）。

5. 完整的论述参见贝克特和沙弗（待刊）。

6. 关于"对现实的升级"这一概念的详细内容，请参阅贝克特和沙弗（待刊）。

7. 贝克特和沙弗（待刊）的论著对这项研究进行了更详细的论述。

8. 总的来说，采访前和采访后，玩家添加到概念图中的链接和节点的统计数据差异显著（$p < 0.05$）。用于衡量地图复杂程度的链接的平均数值从 6.55 上升到了 11.27，代表影响城市规划的不同因素的节点的平均数值从 6.90 降至 8.27。

9. 参见福特《GT 赛车》与《GT 赛车 4》（2006）。

10. 哈罗德（2005），第 7 页。

11. 古尔德和翁亭（1979）对缺乏直接进化优势的生物特征如何能够保留下来进行了分析。

12. 布朗和坎皮奥内（1996）对"学习者促进社区"课程的运用情况以及课程的连贯性进行了综述。另见沙弗（2005c）。

13. 奥登伯格（1989）。

14. 将游戏作为第三场所的想法出自斯坦库勒（2005），但她主要聚焦于大型多人在线游戏，以及从更加传统的意义上来看，既不是学校也不是家庭的，作为第三场所的游戏虚拟世界。博伊德（2004）对作为第三场所的网络进行了粗略论述。在本书中，我认为游戏是在童年版第三场所（可能包括斯坦库勒和博伊德所提到的网络空间）中开展的活动，并提出，认知游戏处于正式学校和非正式游戏之间的第三空间中。

15．参见斯坦库勒（2005）。

16．斯夸尔（2004b，2005a，2005b）和斯夸尔及詹金斯（2004）阐述了学校文化和游戏文化之间的差异，沙弗等（2005）就学校文化和游戏文化之间的差异与认知游戏的关系进行了探讨。

17．关于独立游戏的更多内容，参见齐默尔曼（2002）。

18．参见科学工程与公共政策委员会（2006）的报告。

19．班杜拉（2006）就此问题进行了阐述。

20．这一效应在斯塔克和马雷斯（2005）的相关论著中有所论述。

21．弗里德曼（2005）。

22．有关这些批评的综述，参见安德森（2004）。

23．参见吉伊（2003）和约翰逊（2005）。

24．派珀特（1980）。

参考文献

AAC & U News. (2004). Facts and figures: surveys show declining foreign enrollment at U. S. colleges and universities. Retrieved July 10, 2005, from www. aacuedu. org/ aacu_ news/AACUNews04/November04/facts_ figures. cfm.

Abbott, P. , & Wallace, C. (1990). The sociology of the caring professions. New York: Falmer Press.

Adams, P. C. (1998). Teaching and learning with SimCity 2000. Journal of Geography, 97(2), 47 - 55.

Albers, J. (1971). Interaction of color. New Haven: Yale University Press.

Anderson, C. A. (2004). An update on the effects of playing violent video games. Journal of Adolescence, 27, 113 - 112.

Anderson, J. R. (1980). Cognitive psychology and its implications. San Francisco: Freeman.

Anderson, J. R. (1993). Rules of the mind. Hillsdale, NJ: Erlbaum.

Anthony, K. H. (1987). Private reactions to public criticism: Students, faculty, and practicing architects state their views on design juries in architectural education. Journal of Architectural Education, 40(3), 2 - 11.

Antrúas, P. , Garicano, L. , Rossi-Hansberg, E. , & National Bureau of Economic Research. (2005). Offshoring in a knowledge economy, from http://papers. nber. org/papers/W11094.

Autor, D. H. , Katz, L. F. , & Kearney, M. S. (2006). The polarization of the U. S. labor market. Retrieved April 1, 2006, from http://post. economics. harvard. edu/ faculty/katz/papers/akk - polarization - nber - txt. pdf.

Autor, D. H. , Levy, F. , & Murname, R. J. (2003). The skill content of recent technological change: An empirical exploration. Quarterly Journal of Economics, 118 (4).

Bandura, A. (1997). Self-efficacy: The exercise of control. New York: W. H. Freeman.

Bandura, A. (2006). Adolescent development form an agentic perspective. In F. Pajares & T. Urdan(Eds.), Self-efficacy beliefs of adolescents. Greenwich, CT: Information Age Publishing.

Bartle, R. A. (1990). Who Plays MUAs?Comms Plus! 18 – 19.

Bartle, R. A. (1996). Hearts, clubs, diamonds, spades: Players who suit MUDs. Journal of MUD Research, 1(1).

Beckett, K. L. , & Shaffer, D. W. (in press). Augmented by reality: The pedagogical praxis of urban planning as a pathway to ecological thinking. Journal of Educational Computing Research.

Bereiter, C. , & Scardamalia, M. (1993). Surpassing ourselves: An inquiry into the nature and implications of expertise. Chicago: Open Court.

Berry, T. H. (1991). Managing the total quality transformation. New York: McGraw-Hill.

Bettelheim, B. (1977). The uses of enchantment: The meaning and importance of fairy tales. New York: Vintage Books.

Blunden, B. (2004). Offshoring IT: The good, the bad, and the ugly. Berkeley, CA: Apress.

Boaler, J. (1993). The role of contexts in the mathematics classroom: Do they make mathematics more"real"?For the Learning of Mathematics, 13(2), 12 – 17.

Bosch, X. (2001, October 4). Vatican approves use of animal transplants to benefit humans. Nature, 413, 445.

Bourdieu, P. (1977). Outline of a theory of practice. New York: Cambridge University Press.

Boyd, S. (2004). Being wired encourages human contact: The Third Space, from www. corante. com/getreal/archives/004843. html.

Bransford, J. , Brown, A. , & Cocking, R. R. (Eds.). (2000). How people learn: Brain, mind, experience, and school. Washington, DC: National Academy Press.

Bridgeland, J. M. , DiIulio, J. J. , Jr. , & Morison, K. B. (2006). The silent epidemic: Perspectives of high school dropouts. Washington, DC: Civic Enterprises.

Briggs, D. C. (1996). Reform the design studio. Architecture, 85(8), 75 – 76.

Broudy, H. (1977). Types of knowledge and purposes of education. In R. C.

Anderson, R. J. Spiro & W. E. Montague(Eds.), Schooling and the acquisition of knowledge(pp. 1 - 17). Hillsdale, NJ: Lawrence Erlbaum.

Brown, A. L. , & Campione, J. C. (1996). Psychological theory and the design of innovative learning environments: On procedures, principles and systems. In L. Schauble & R. Glaser (Eds.), Innovations in learning: New environments for education(pp. 289 - 325). Mahwah, NJ: Erlbaum Associates.

Brown, J. S. , & Duguid, P. (2002). The social life of information. Boston: Harvard Business School Press.

Bruner, J. S. (1973). Beyond the information given: Studies in the psychology of knowing. New York: Norton.

Bruner, J. S. (1976). Nature and uses of immaturity. In J. S. Bruner, A. Jolly, & K. Sylva(Eds.), Play, its role in development and evolution. New York: Basic Books.

Bruner, J. S. (1986). Actual minds, possible worlds. Cambridge, MA: Harvard University Press.

Bruner, J. S. (1996). The culture of education. Cambridge, MA: Harvard University Press.

Buehl, M. M. , & Alexander, P. A. (2005). Motivation and performance differences in students' domain-specific epistemological belief profiles. American Educational Research Journal, 42(4), 697 - 726.

Bunton, K. , Connery, T. B. , Kanihan, S. F. , Neuzil, M. , & Nimmer, D. (1999). Writing across the media. Boston: Bedford/St. Martin's.

Burgess, J. , & Connell, J. (2006). Developments in the call centre industry: Analysis, changes, and challenges. New York: Routledge.

Castells, M. (2000). The rise of the network society (2nd ed.). Malden, MA: Blackwell Publishers.

Chafee, R. (1977). The teaching of architecture at the École des Beaux-Arts. In A. Drexler(Ed.), The architecture of the École Des Beaux-Arts. New York: Museum of Modern Art.

Chi, M. T. H. , Feltovich, P. , & Glaser, R. (1981). Categorization and representation of physics problems by experts and novices. Cognitive Science, 5(2), 121 - 152.

Clark, A. (2001). Mindware: An introduction to the philosophy of cognitive science. New York: Oxford University Press.

Clark, A. (2003). Natural-borncyborgs: Minds, technologies, and the future of human intelligence. Oxford: Oxford University Press.

Cobb, P. (1987). Information-processing psychology and mathematics education—A constructivist perspective. Journal of Mathematical Behavior, 6(1), 3 − 40.

Collingwood, R. G. , & Knox, T. M. (1946). The idea of history. Oxford: Clarendon Press.

Collins, A. , & Ferguson, W. (1993). Epistemic forms and games. Educational Psychologist, 28(1), 25 − 42.

Committee on Science Engineering and Public Policy. (2006). Rising above the gathering storm: Energizing and employing America for a brighter economic future. Washington, DC: National Academies Press.

Conrad, D. , & Hedin, D. (1982). Youth participation & experiential education. New York: Haworth Press.

Cooper, D. K. C. (1997). Xenotransplantation: The transplantation of organs and tissues between species(2nd ed.). New York: Springer.

Crowley, K. , & Jacobs, M. (2002). Building islands of expertise in everyday family activity. In G. Leinhardt, K. Crowley, & K. Knutson(Eds.), Learning conversations in museums. Mahwah, NJ: Lawrence Erlbaum.

Csikszentmihalyi, M. (1996). Creativity: Flow and the psychology of discovery and invention. New York: HarperCollins.

Csikszentmihalyi, M. , & Larson, R. (1984). Being adolescent: Conflict and growth in the teenage years. New York: Basic Books.

Csikszentmihalyi, M. , Rathunde, K. R. , & Whalen, S. (1997). Talented teenagers: The roots of success and failure. New York: Cambridge University Press.

Csikszentmihalyi, M. , & Schneider, B. L. (2000). Becoming adult: How teenagers prepare for the world of work. New York: Basic Books.

Cuban, L. (1986). Teachers and machines: The classroom use of technology since 1920. New York: Teachers College Press.

Cuban, L. (2001). Oversold and underused: Computers in the classroom. Cambridge, MA: Harvard University Press.

Davenport, T. H. (2005). Thinking for a living: How to get better performance and results from knowledge workers. Boston: Harvard Business School Press.

Davidson, P. S. (2002). Idea book: Mathematics activities for Cuisenaire rods at the primary level([Rev.]. ed.). Vernon Hills, Ill. : ETA/Cuisenaire.

Dewey, J. (1915). School and society. Chicago: University of Chicago Press.

Dewey, J. (1916). Democracy and education: An introduction to the philosophy of education. New York: Macmillan.

Dewey, J. (1933). How we think, a restatement of the relation of reflective thinking to the educative process. Boston: D. C. Heath.

Dewey, J. (1934/1958). Art as experience. New York: Capricorn Books.

Dewey, J. (1938). Experience and education. New York: Collier Books.

Diamond, J. M. (2005). Guns, germs, and steel: The fates of human societies. New York: Norton.

Dickinson, D. K., & Neuman, S. B. (2006). Handbook of early literacy research. New York: Guilford.

diSessa, A. A. (2000). Changing minds: Computers, learning, and literacy. Cambridge, MA: MIT Press.

Doel, R. E., & Sèoderqvist, T. (2006). The historiography of science, technology and medicine: Writing recent history. New York: Routledge.

Donald, J. G. (2002). Learning to think: Disciplinary perspectives. San Francisco: Jossey-Bass.

Donald, M. (1991). Origins of the modern mind: Three stages in the evolution of culture and cognition. Cambridge, MA: Harvard University Press.

Donald, M. (2001). A mind so rare: The evolution of human consciousness. New York: W. W. Norton.

Dreyfus, H. L., & Dreyfus, S. E. (1986). Mind over machine: The power of human intuition and expertise in the era of the computer. New York: Free Press.

Drucker, P. F. (1993). Post-capitalist society. New York: HarperBusiness.

Edgerton, L. (1997). The editing book. Dubuque, IA: Kendall/Hunt.

Engestrom, Y. (1999). Activity theory and individual and social transformation. In Y. Engestrom, R. Miettinen, & R. -L. Punamaki(Eds.), Perspectives on activity theory (pp. 19 – 38). Cambridge: Cambridge University Press.

Evans, C. A., Abrams, E. D., & Rock, B. N. (2001). Student/scientist partnerships: A teachers' guide to evaluating the critical components. American Biology Teacher, 63(5), 318 – 323.

Feldman, S. S., & Elliott, G. R. (1990). At the threshold: The developing adolescent. Cambridge, MA: Harvard University Press.

Fine, G. A. (1983). Shared fantasy: Role-playing games as social worlds. Chicago: University of Chicago Press.

Fisher, R., Ury, W., & Patton, B. (1997). Getting to yes: Negotiating an agreement without giving in(2nd ed.). London: Arrow Business Books.

Ford GT vs. GT4. (2006). Retrieved April 1, 2006, from www. edmunds. com/inside - line/do/Features/articleId5107485? mktcat5insideline&kw5HTML&mktid5NL99046 7&DARTmail.

Foucault, M. (1972). The archeology of knowledge(A. M. Sheridan Smith, trans.). New York: Harper Colophon.

Franklin, J. (1986). Writing for story: Craft secrets of dramatic nonfiction by a two-time Pulitzer Prize winner. New York: Atheneum.

Frederickson, M. P., & Anderton, F. (1990). Design juries: A study on lines of communication. Journal of Architectural Education, 43(2), 22 - 8.

Freidson, E. (2001). Professionalism: The third logic. Chicago: University of Chicago Press.

Fried, R. L. (2005). The game of school: Why we all play it, how it hurts kids, and what it will take to change it. San Francisco: Jossey-Bass.

Friedman, T. (2005). The world is flat: A brief history of the twenty-first century. New York: Farrar, Straus and Giroux.

Frye, B., & Frager, A. M. (1996). Civilization, colonization, SimCity: Simulations for the social studies classroom. Learning and Leading with Technology, 24(2), 21 - 23, 32.

Gardner, H. (1982). Art, mind, and brain: A cognitive approach to creativity. New York: Basic Books.

Gardner, H. (1991). The unschooled mind. New York: Basic Books.

Gardner, H., Csikszentmihalyi, M., & Damon, W. (2001). Good work: When excellence and ethics meet. New York: Basic Books.

Garvey, C. (1990). Play. Cambridge, MA: Harvard University Press.

Gee, J. P. (2003). What video games have to teach us about learning and literacy. New York: Palgrave Macmillan.

Gee, J. P. (2004). Situated language and learning: A critique of traditional schooling. London: Routledge.

Gee, J. P. (2005). What will a state of the art video game look like? Innovate, 1(6), www. innovateonline. info.

Gee, J. P. , Hull, G. A. , & Lankshear, C. (1996). The new work order: Behind the language of the new capitalism. St. Leonards, NSW: Allen & Unwin.

Geertz, C. (1973). The growth of culture and the evolution of mind. In The interpretation of cultures: Selected essays(pp. 3 – 30). New York: Basic Books.

Giles, C. H. (1969). The student journalist and feature writing. New York: Richard Rosen Press.

Goffman, E. (1963). Behavior in public places: Notes on the social organization of gatherings. New York: Free Press of Glencoe.

Goffman, E. (1967). Interaction ritual: Essays on face-to-face behaviour. Garden City, NY: Anchor Books.

Goffman, E. (1974). Frame analysis: An essay on the organization of experience. New York: Harper & Row.

Goffman, E. (1981). Forms of talk. Philadelphia: University of Philadelphia Press.

Goldenberg, E. P. , & Cuoco, A. A. (1998). What is dynamic geometry? In R. Lehrer & D. Chazan(Eds.), Designing learning environments for developing understanding of geometry and space(pp. 351 – 368). Mahwah, NJ: Lawrence Erlbaum.

Good chemistry. (2006, February 4). The Economist, 58.

Goodman, N. (1968). Languages of art: An approach to a theory of symbols. Indianapolis: Bobbs-Merrill.

Goodman, N. (1978). Ways of worldmaking. Indianapolis: Hackett.

Goodwin, C. (1994). Professional vision. American Anthropologist, 96(3), 606 – 633.

Gould, S. J. , & Lewontin, R. (1979). The spandrels of San Marco and the Panglossion paradigm: A critique of the adaptationist programme. Proceedings of the Royal Society of London, 205(1161), 581 – 598.

Grand Theft Auto: Vice City. (2004). Rockstar Games.

Gruber, H. E. , & Voneche, J. (Eds.). (1995). The essential Piaget. New York: Basic Books.

Hagel, J. , & Brown, J. S. (2005). The only sustainable edge: Why business strategy depends on productive friction and dynamic specialization. Boston: Harvard Business School Press.

Haider, J. (1990). Design education: An interdisciplinary perspective. Design for Arts in Education, 92(2), 41 – 49.

Halberstam, D. (1994). The education of a journalist. Columbia Journalism Review, 33(4), 29 – 34.

Halverson, E. R. (2005). Inside Out: Facilitating gay youth identity development through a performance-based youth organization. Identity: An International Journal of Theory and Research, 5(1), 67 – 90.

Harel, I., & Papert, S. (Eds.). (1991). Constructionism. Norwood, NJ: Ablex.

Hatfield, D. L., & Shaffer, D. W. (2006). Press play: Designing an epistemic game engine for journalism. In S. Barab, K. Hay, & D. Hickey(Eds.), Proceedings of the Seventh International Conference of the Learning Sciences. Mahwah, NJ: Lawrence Erlbaum.

Herold, C. (2005, December 7). Puppies to pet, monsters to battle, movies to make. New York Times.

Hickman, L. (1990). John Dewey's pragmatic technology. Bloomington: Indiana University Press.

Hirsch, E. D., Kett, J. F., & Trefil, J. S. (1988). Cultural literacy: What every American needs to know. New York: Vintage Books.

Horwood, B. (1995). Experience and the curriculum. Boulder, CO: Association for Experiential Education; Kendall Hunt.

Hoyles, C., Noss, R., & Adamson, R. (2002). Rethinking the microworld idea. Journal of Educational Computing Research, 27(1&2), 29 – 53.

Hunter, I. (2006). The Indian offshore advantage: Howoffshoring is changing the face of HR. Burlington, VT: Ashgate Publishing.

Hutchins, E. (1995). Cognition in the wild. Cambridge, MA: MIT Press.

Jackson, P. W. (1968). Life in classrooms. New York: Holt.

Jewett, A. (2003). Science and the promise of democracy in America. Daedalus, 132(4), 64 – 70.

Johnson, S. (2005). Everything bad is good for you: How today's popular culture is actually making us smarter. New York: Riverhead Books.

Judson, H. F. (2005/2006 December-January). The great Chinese experiment. Technology Review.

Juul, J. (2003). The game, the player, the world: Looking for a heart of gameness. In M. Copier & J. Raessens (Eds.), Level up: Digital games research conference proceedings(pp. 30 – 45). Utrecht: Utrecht University.

Kanter, R. M. (2001). Evolve! Succeeding in the digital culture of tomorrow. Cambridge, MA: Harvard Business School Press.

Kaput, J. J. (1992). Technology and mathematics education. In D. A. Grouws(Ed.), Handbook of research on mathematics teaching and learning(pp. 515 – 556). New York: Maxwell Macmillan International.

Kaput, J. J. , & Roschelle, J. (1998). The mathematics of change and variation from a millennial perspective: New content, new context. In C. Hoyles & R. Noss(Eds.), Mathematics for a new millenium. London: Springer Verlag.

Kegan, R. (1982). The evolving self: Problem and process in human development. Cambridge, MA: Harvard University Press.

Kehal, H. S. , & Singh, V. P. (2006). Outsourcing and offshoring in the 21st century: A socio-economic perspective. Hershey, PA: Idea Group Publishing.

Kelly, K. (1998). New rules for the new economy: 10 radical strategies for a connected world. New York: Viking.

King, J. R. , & Schattschneider, D. (Eds.). (1997). Geometry turned on! Dynamic software in learning, teaching, and research. Washington, DC: Mathematical Association of America.

Knorr-Cetina, K. (1999). Epistemic cultures: How the sciences make knowledge. Cambridge, MA: Harvard University Press.

Kovach, B. , & Rosenstiel, T. (2001). The elements of journalism: What newspeople should know and the public should expect. New York: Crown.

Kroger, J. (2000). Identity development: Adolescence through adulthood. Thousand Oaks, CA: Sage Publications.

Kuhn, T. S. (1963). The structure of scientific revolutions. Chicago: University of Chicago Press.

Latour, B. (1996). Pursuing the discussion of interobjectivity with a few friends. Mind, Culture, and Activity, 3(4), 266 – 269.

Latour, B. (2000). When things strike back: A possible contribution of " science studies"to the social sciences. British Journal of Sociology, 51(1), 107 – 123.

Lave, J. (1988). Cognition in practice: Mind, mathematics, and culture in everyday life. Cambridge: Cambridge University Press.

Lave, J. , & Wenger, E. (1991). Situated learning: Legitimate peripheral participation. Cambridge: Cambridge University Press.

Ledewitz, S. (1985). Models of design in studio teaching. Journal of Architectural Education, 38(2), 2 – 8.

Lemke, J. L. (2000). Across the scales of time: Artifacts, activities, and meanings in ecosocial systems. Mind, Culture, and Activity, 7(4), 273 – 290.

Lévi-Strauss, C. (1982). The way of the masks. Seattle: University of Washington Press.

Lichtfield, D., Goldenheim, D., & Dietrich, C. H. (1997). Euclid, Fibonacci, and Sketchpad. Mathematics Teacher, 90(1), 8 – 12.

Lillard, A. S. (1993). Pretend play skills and the child's theory of mind. Child Development, 64, 348 – 371.

Lindley, C. A. (2005). The semiotics of time structure in ludic space as a foundation for analysis and design. Game Studies, 5(1).

Lindquist, M. M., & Clements, D. H. (2001). Geometry must be vital. Teaching Children Mathematics, 7(7), 409 – 415.

Loeb, A. (1993). Concepts and images: Visual mathematics. Boston: Birkhauser.

MacArthur, C., Ferretti, R., & Okolo, C. (2002). On defending controversial view points: Debates of sixth graders about the desirability of early 20th-century American immigration. Learning Disabilities Research & Practice, 17 (3), 160 – 172.

Markus, H., & Nurius, P. (1986). Possible selves. American Psychologist, 41(9), 954 – 969.

Markusen, J. R. (2005). Modeling the offshoring of white-collar services from comparative advantage to the new theories of trade and FDI, from http://papers.nber.org/papers/w11827.

Marshak, D. (2003). No Child Left Behind: A foolish race to the past. Phi Delta Kappan, 85(3), 229 – 231.

McDermott, L. C. (1998). Students' conceptions and problem solving in mechanics. In A. Tiberghien, E. L. Jossem & J. Barojas(Eds.), Connecting research in physics education with teacher education. Available from the International Commission on Physics Education at www.physics.ohio – state.edu/~jossem/ICPE/TOC.html.

McLean, S., & Williamson, L. (2005). Xenotransplantation: Law and ethics. Burlington, VT: Ashgate.

McLuhan, M. (1962). The Gutenberg galaxy: The making of typographic man. Toronto: University of Toronto Press.

McLuhan, M. (1964). Understanding media: The extensions of man. New York: Mentor Books.

McPhee, J. A. (1971). Encounters with the archdruid. New York: Farrar.

Menand, L. (2001). The metaphysical club. New York: Farrar Straus & Giroux.

Mitchell, W. J. (2000). e-topia: "Urban life, Jim—but not as we know it." Cambridge, MA: MIT Press.

Molnar, E. M. (2006). Stem cell transplantation: A textbook of stem cell xenotransplantation. Sunshine, MD: Medical and Engineering Publishers.

Morris-Suzuki, T. (2005). The past within us: Media, memory, history. New York: Verso.

Murray, D. M. (2000). Writing to deadline: The journalist at work. Portsmouth, NH: Heinemann.

Murray, J. (1999). Hamlet on the holodeck: The future of narrative in cyberspace. Cambridge, MA: MIT Press.

Nathan, M. J. , & Petrosino, A. J. (2003). Expert blind spot among preservice teachers. American Educational Research Journal, 40(4) , 905 – 928.

National Science Board. (2005). Science and engineering indicators 2004. Washington, DC: NSF Publications.

Nelson, K. (1996). Language in cognitive development: Emergence of the mediated mind. Cambridge: Cambridge University Press.

Norman, D. A. (1993). Things that make us smart: Defending human attributes in the age of the machine. Reading, MA: Addison-Wesley.

Noss, R. , & Hoyles, C. (1996). Windows on mathematical meanings: Learning cultures and computers. Dordrecht, The Netherlands: Kluwer Academic Publishers.

Oldenburg, R. (1989). The great good place: Cafés, coffee shops, community centers, beauty parlors, general stores, bars, hangouts, and how they get you through the day. New York: Paragon House.

Olson, D. R. (1994). The world on paper. Cambridge: Cambridge University Press.

Overby, S. (2003, December 15). The future of jobs and innovation. CIO Magazine, from www. cio. com/archive/121503/jobfuture. html.

Pajares, F. , & Urdan, T. (Eds.). (2006). Self-efficacy beliefs of adolescents.

Greenwich, CT: Information Age Publishing.

Papert, S. (1980). Mindstorms: Children, computers, and powerful ideas. New York: Basic Books.

Papert, S. (2005). You can't think about thinking without thinking about thinking about something. Contemporary Issues in Technology and Teacher Education, 5(3/4), 366 – 367.

Parker, G. M. (1994). Cross-functional teams: Working with allies, enemies, and other strangers. San Francisco: Jossey-Bass.

Pea, R. (1993). Practices of distributed intelligence and designs for education. In G. Salomon (Ed.), Distributed cognitions: Psychological and educational considerations. Cambridge: Cambridge University Press.

Perkins, D. (1992). Smart schools. New York: Free Press.

Philips, S. U. (1972). Participant structures and communicative competence: Warm Springs children in community and classroom. In C. B. Cazden, V. John-Steiner, & D. H. Hymes(Eds.), Functions of language in the classroom(pp. 370 – 394). New York: Teachers College Press.

Piaget, J. (1937). The construction of reality in the child. In H. E. Gruber & J. Voneche(Eds.), The essential Piaget. New York: Basic Books.

Piaget, J. (1948). The child's conception of space. In H. E. Gruber & J. Voneche (Eds.), The essential Piaget. New York: Basic Books.

Piaget, J. (1966). The semiotic or symbolic function. In H. E. Gruber & J. Voneche (Eds.), The essential Piaget. New York: Basic Books.

Pinker, S. (1997). How the mind works. New York: W. W. Norton.

Platt, J. L. (2002). Xenotransplantation: Basic research and clinical applications. Totowa, NJ: Humana Press.

Political Machine, The. (2004). Ubi Soft.

Postman, N. (1993). Technopoly: The surrender of culture to technology. New York: Vintage Books.

Prensky, M. (2003). Escape from planet Jargon: Or, what video games have to teach academics about teaching and writing. On the Horizon, 11(3).

Rao, S., Ahmad, A., Horsman, W., & Kaptein-Russell, P. (2001). The importance of innovation for productivity. International Productivity Monitor, 2, 11 – 18.

Resnick, M. (1994). Turtles, termites, and traffic jams: Explorations in massively parallel microworlds. Cambridge, MA: MIT Press.

Rhodes, S., & Davies, D. (2003). Advanced reporting. In M. D. Murray & R. L. Moore(Eds.), Mass communication education. Ames: Iowa State Press.

Rifkin, J. (2000). The age of access: The new culture of hypercapitalism, where all of life is a paid-for experience. New York: J. P. Tarcher/Putnam.

Rodgers, C. (2002). Defining reflection: Another look at John Dewey and reflective thinking. Teachers College Record, 104(4), 842 − 866.

Rogoff, B. (1990). Apprenticeship in thinking: Cognitive development in social context. New York: Oxford University Press.

Rohde, M., & Shaffer, D. W. (2004). Us, ourselves, and we: Thoughts about social (self-) categorization. Association for Computing Machinery SigGROUP Bulletin, 24 (3), 19 − 24.

Rollin, B. E. (2006). Science and ethics. New York: Cambridge University Press.

Rorty, R. (1982). Consequences of pragmatism. Minneapolis: University of Minnesota Press.

Rose, M. (2004). The mind at work: Valuing the intelligence of the American worker. New York: Viking.

Rothblatt, M. A. (2004). Your life or mine: How geoethics can resolve the conflict between public and private interests in xenotransplantation. Burlington, VT: Ashgate.

Ryan, G., Toohey, S., & Hughes, C. (1996). The purpose, value and structure of the practicum in higher education: A literature review. Higher Education, 31 (3), 355 − 377.

Sadowski, M. (2003). Adolescents at school: Perspectives on youth, identity, and education. Cambridge, MA: Harvard Education Press.

Salomon, G. (1993). No distribution without individuals' cognition: A dynamic interactional view. In G. Salomon(Ed.), Distributed cognitions: Psychological and educational considerations. Cambridge: Cambridge University Press.

Sawyer, R. K. (2006). Explaining creativity: The science of human innovation. New York: Oxford University Press.

Schattschneider, D. (1990). Visions of symmetry: Notebooks, periodic drawings, and related work of M. C. Escher. New York: W. H. Freeman.

Schleppegrell, M. J. (2004). The language of schooling: A functional linguistics perspective. Mahwah, N. J. : Lawrence Erlbaum.

Schlesinger, A. M. , Israel, F. L. , & Frent, D. J. (2003) . The election of 1960 and the administration of John F. Kennedy. Philadelphia: Mason Crest Publishers.

Schmandt-Besserat, D. (1978) . The earliest precursor of writing. Scientific American, 238(6) , 50 − 58.

Schmandt-Besserat, D. (1992) . Before writing. Austin: University of Texas Press.

Schmandt-Besserat, D. (1994) . Before numerals. Visible Language, 18(2) , 48 − 60.

Schön, D. A. (1983) . The reflective practitioner: How professionals think inaction. New York: Basic Books.

Schön, D. A. (1985) . The design studio: An exploration of its traditions and potentials. London: RIBA Publications.

Schön, D. A. (1987) . Educating the reflective practitioner: Toward a new design for teaching and learning in the professions. San Francisco: Jossey-Bass.

Schutz, A. (2001) . John Dewey's conundrum: Can democratic schools empower? Teachers College Record, 103(2) , 267 − 302.

Schwab, J. J. (1978) . Education and the structure of the disciplines. In I. Westbury & N. J. Wilkof(Eds.) , Science, curriculum, and liberal education(pp. 229 − 272) . Chicago: University of Chicago Press.

Serra, M. (1997) . Discovering geometry: An inductive approach(2nd ed.) . Berkeley, CA: Key Curriculum Press.

Shaffer, D. W. (1997a) . Escher's world: Learning symmetry through mathematics and art. Symmetry: Culture and Science, 8(3 − 4) , 369 − 393.

Shaffer, D. W. (1997b) . Learning mathematics through design: The anatomy of Escher's World. Journal of Mathematical Behavior, 16(2) , 95 − 112.

Shaffer, D. W. (2002) . Design, collaboration, and computation: The design studio as a model for computer-supported collaboration in mathematics. In T. Koschmann, R. Hall & N. Miyake(Eds.) , Computer support for collaborative learning 2(pp. 197 − 222) . Mahwah, NJ: Lawrence Erlbaum.

Shaffer, D. W. (2003a) . Pedagogical praxis: The professions as models for learning in the age of the smart machine(WCER Working Paper No. 2003 − 6) . Madison: University of Wisconsin-Madison, Wisconsin Center for Education Research.

Shaffer, D. W. (2003b) . Portrait of the Oxford Design Studio: An ethnography of design pedagogy(WCER Working Paper No. 2003 – 11). Madison: University of Wisconsin-Madison, Wisconsin Center for Education Research.

Shaffer, D. W. (2004a). Pedagogical praxis: The professions as models for post-industrial education. Teachers College Record, 106(7), 1401 – 1421.

Shaffer, D. W. (2004b). When computer-supported collaboration means computer-supported competition: Professional mediation as a model for collaborative learning. Journal of Interactive Learning Research, 15(2), 101 – 115.

Shaffer, D. W. (2005a). Epistemic games. Innovate, 1(6), www. innovateonline. info.

Shaffer, D. W. (2005b). Multisubculturalism: Computers and the end of progressive education(WCER Working Paper). Madison: University of Wisconsin-Madison, Wisconsin Center for Education Research.

Shaffer, D. W. (2005c). Studio mathematics: The epistemology and practice of design pedagogy as a model for mathematics learning(WCER Working Paper Series No. 2005 – 3). Madison: University of Wisconsin-Madison, Wisconsin Center for Educational Research.

Shaffer, D. W. (2005d). Epistemography and the participant structures of a professional practicum: A story behind the story of Journalism 828(WCER Working Paper Series No. 2005 – 8). University of Wisconsin-Madison, Wisconsin Center for Educational Research.

Shaffer, D. W. (2006). Epistemic frames for epistemic games. Computers and Education, 46(3), 223 – 234.

Shaffer, D. W. (forthcoming). Learning in design. In R. Lesh, J. Kaput & E. Hamilton (Eds.), Foundations for the future: The need for new mathematical understandings & abilities in the 21st century. Hillsdale, NJ: Lawrence Erlbaum.

Shaffer, D. W. , & Clinton, K. A. (in press). Toolforthoughts: Reexamining thinking in the digital age. Mind, Culture, and Activity.

Shaffer, D. W. , & Kaput, J. J. (1999). Mathematics and virtual culture: An evolutionary perspective on technology and mathematics. Educational Studies in Mathematics, 37, 97 – 119.

Shaffer, D. W. , Kigin, C. , Kaput, J. , & Gazelle, G. (2002). What is Digital Medicine? In R. Bushko(Ed.), Future of health technology. Amsterdam: IOS Press.

Shaffer, D. W. , Squire, K. , Halverson, R. , & Gee, J. P. (2005). Video games and the future of learning. Phi Delta Kappan, 87(2), 104 - 111.

Shaffer, D. W., & Squire, K. D. (2006). The Pasteurization of Education. In S. Tettegah and R. Hunter (Eds.), Education and technology: Issues in policy, administration and application. London: Elsevier.

Sheppard, S. D. (1999, November). Design as cornerstone and capstone. Mechanical Engineering Design, 44 - 47.

Silver, W. S., Mitchell, T. R., & Gist, M. E. (1995). Responses to successful and unsuccessful performance: The moderating effect of self-efficacy on the relationship between performance and attributions. Organizational Behavior and Human Decision Processes, 62(3), 286 - 299.

Simpson, J. B. (1988). Simpson's contemporary quotations. Boston: Houghton Mifflin.

Smith-Gratto, K., & Fisher, M. M. (1999). An aid to curriculum and computer integration: Prototypes for teachers. Computers in the Schools, 15(2), 61 - 71.

Squire, K. D. (2004a). Sid Meier's Civilization III. Simulations and Gaming, 35(1).

Squire, K. D. (2004b). Video games and next-generation learners. Paper presented at the Education and Information Systems Conference, Orlando, FL.

Squire, K. D. (2005a). Game-based learning: Present and future of state of the field. Retrieved May 31, 2005, from http://www. masie. com/xlearn/Game - Based_ Learning. pdf.

Squire, K. D. (2005b). Game cultures, school cultures. Innovate 1 (6), www. innovateonline. info.

Squire, K. D. (forthcoming). Civilization III as a world history sandbox. In M. Bittanti (Ed.), Civilization and its discontents: Virtual history, real fantasies. Milan, Italy: Ludilogica Press.

Squire, K. D., & Jenkins, H. (2004). Harnessing the power of games in education. Insight, 3(1), 5 - 33.

Stacey, M. (1992). Regulating British medicine: The General Medical Council. New York: Wiley.

Stake, J. E., & Mares, K. R. (2005). Evaluating the impact of science-enrichment programs on adolescents' science motivation and confidence: The splashdown effect. Journal of Research in Science Teaching, 42(4), 359 - 375.

Starr, P. (1994). Seductions of sim: Policy as a simulation game. The American

Prospect, 5(17), 19 – 29.

Steinkuehler, C. A. (2005a). Cognition & learning in massively multiplayer online games: A critical approach. Unpublished doctoral dissertation, University of Wisconsin.

Steinkuehler, C. A. (2005b). The new third place: Massively multiplayer online gaming in American youth culture. Tidskrift Journal of Research in Teacher Education, 3, 17 – 32.

Stewart, J. B. (1998). Follow the story. New York: Simon & Schuster.

Stryker, S., & Burke, P. (2000). The past, present and future of identity theory. Social Psychology Quarterly, 63, 284 – 297.

Suconik, J. B. (2000). Animals: Why they must not be brutalized. Elmhurst, IL: Nuark Publishing.

Suits, B. (1967). What is a game? Philosophy of Science, 34.

Sullivan, W. M. (2005). Work and integrity: The crisis and promise of professionalism in America(2nd ed.). San Francisco: Jossey-Bass.

Susskind, L. E. (1994). Environmental diplomacy: Negotiating more effective global agreements. New York: Oxford University Press.

Susskind, L. E., & Corburn, J. (2000). Using simulations to teach negotiation: Pedagogical theory and practice. In M. Wheeler(Ed.), Teaching negotiation: Ideas and innovations(pp. 285 – 310). Cambridge, MA: PON Books.

Susskind, L. E., Levy, P. F., & Thomas-Larmer, J. (2000). Negotiating environmental agreements: How to avoid escalating confrontation, needless costs, and unnecessary litigation. Washington, DC: Island Press.

Susskind, L. E., Moomaw, W., & Hill, T. L. (1997). Global environment: Negotiating the future. Cambridge, MA: Program on Negotiation at Harvard Law School.

Sutton-Smith, B. (Ed.). (1979). Play and learning. New York: Gardner Press.

Svarovsky, G., & Shaffer, D. W. (2006). Engineering girls gone wild: Developing an engineering identity in Digital Zoo. In S. Barab, K. Hay, & D. Hickey(Eds.), Proceedings of the Seventh International Conference of the Learning Sciences. Mahwah, N. J.: Lawrence Erlbaum.

Svarovsky, G., & Shaffer, D. W. (in press). SodaConstructing knowledge through exploratoids. Journal of Research in Science Teaching.

Sykes, M., d'Apice, A., & Sandrin, M. (2004). Position paper of the Ethics

Committee of the International Xenotransplantation Association. Transplantation, 78 (8), 1101 – 1107.

Sylva, K., Bruner, J. S., & Genova, P. (1976). The role of play in the problem-solving of children 3 – 5 years old. In J. S. Bruner, A. Jolly, & K. Sylva(Eds.), Play: Its role in development and evolution. New York: Basic Books.

Teare, R. (1997). Teamworking and quality improvement: Lessons from British and North American organizations. Herndon, VA: Cassell.

Thoreau, H. D. (1995, reprint). Walden, or, life in the woods. New York: Dover Publications.

Tichi, C. (1987). Shifting gears: Technology, literature, culture in modernist America. Chapel Hill: University of North Carolina Press.

Torney-Purta, J. (1998). Evaluating programs designed to teach international content and negotiation skills. International Negotiations, 3, 77 – 97.

Tripp, R. L. (1993). The game of school: Observations of a long-haul teacher. Reston, VA: Extended Vision Press.

Turkle, S. (1995). Life on the screen. New York: Simon & Schuster.

Tyack, D. (1974). The one best system: A history of American urban education. Cambridge, MA: Harvard University Press.

Tyack, D., & Cuban, L. (1996). Tinkering towards utopia. Cambridge, MA: Harvard University Press.

Tyack, D., & Tobin, W. (1994). The grammar of schooling: Why has it been so hard to change? American Educational Research Journal, 31(3), 453 – 479.

Uluoglu, B. (2000). Design knowledge communicated in studio critiques. Design Studies, 21, 33 – 58.

Vygotsky, L. S. (1976). Play and its role in the mental development of the child. In J. S. Bruner, A. Jolly, & K. Sylva(Eds.), Play: Its role in development and evolution. New York: Basic Books.

Vygotsky, L. S. (1978). Mind in society. Cambridge, MA: Harvard University Press.

Wallbank, T. W., Schrier, A., Maier-Weaver, D., & Gutierrez, P. (1977). History and life: The world and its people. Glenview, IL: Scott, Foresman.

Warren, K., Sakofs, M. S., & Hunt, J. S. (1995). The theory of experiential education (3rd ed.). Dubuque, IA: Kendall/Hunt.

Wenger, E. (1998). Communities of practice: Learning, meaning, and identity.

Cambridge: Cambridge University Press.

Wertsch, J. V. (1998). Mind as action. New York: Oxford University Press.

Wineburg, S. S. (1991). Historical problem solving: A study of the cognitive processes used in the evaluation of documentary and pictorial evidence. Journal of Educational Psychology, 83(1), 73 – 87.

Wineburg, S. S. (2001). Historical thinking and other unnatural acts: Charting the future of teaching the past. Philadelphia: Temple University Press.

Wineburg, S. S., & Wilson, S. M. (1991). Models of wisdom in the teaching of history. History Teacher, 24(4), 395 – 412.

Wingler, H. M. (1978). The Bauhaus: Weimar, Dessau, Berlin, Chicago. Cambridge, MA: MIT Press.

Witt, P., & Baker, D. (1997). Developing after-school programs for youth in high risk environments. Journal of Physical Education, Recreation & Dance, 68(9), 18 – 20.

Wittgenstein, L. (1963). Philosophical investigations (English text reprint ed.). Oxford: Blackwell.

World Health Organization. (2005). Animal to human transplantation—future potential, present risk. Retrieved April 1, 2006, from www. who. int/mediacentre/news/ notes/2005/np08/en/index. html.

Wu, H. -H. (1996). The role of Euclidean geometry in high school. Journal of Mathematical Behavior, 15(3).

Zimmerman, B. J., & Cleary, T. J. (2006). Adolescent's development of personal agency: The role of self-efficacy beliefs and self-regulatory skill. In T. Urdan(Ed.), Self-efficacy beliefs of adolescents. Greenwich, CT: Information Age Publishing.

Zimmerman, E. (2002). Do independent games exist?, from www. ericzimmerman. com/ texts/indiegames. htm.

Zoch, P. A. (2004). Doomed to fail: The built-in defects of American education. Chicago: I. R. Dee.

致　谢

对游戏的设计和研究可以说从来都不是孤立的，本书也不例外。本书涉及的相关研究之所以得以完成，首先是因为很多参与游戏的年轻人以及他们的父母愿意与我们讨论他们的经历。认知游戏的开发也是以专业人员的工作为基础的，如果没有许多学生和专业人员让我们观察他们如何学习思考，并耐心地向我们解释他们在做什么以及为什么这样做，那么本书提到的这些游戏就不可能存在。

如果没有学生和同事，没有导师、老师、合作研究者和朋友为这项研究做出贡献，这一切都不可能实现。我真诚地感谢我得到的所有帮助，我只能希望，作为回报，我也能同样慷慨地为他们奉献我的时间和友谊，以及任何我有幸拥有的对他们的工作的洞察力。我特别要感谢詹姆斯·吉伊和威斯康星大学分布式学习联合实验室的游戏和专业实践模拟研究小组的老师和学生。作为一名游戏科学家，吉伊将认知游戏变成了现实，为我个人的专业和学术发展做出了巨大的贡献。

此外，本研究还得到了来自伦理与技术基金会、乐高公司、斯宾塞基金会和国家教育研究院、麦克阿瑟基金会、威斯康星校友研究基金会、分布式学习联合实验室和美国国家科学基金会教师早期职业发展奖（REC－0347000）的慷慨资助，在此一并感谢！

尽管本书得到了上述个人和机构的帮助，但是其中的观点、发现和结论，最重要的是书中所包含的所有不当之处，都仅与本人有关，它们不代表资助机构、合作机构或其他个人的观点。

最后，当然，最为重要的是，我想感谢我的家人，感谢他们为我所做的一切。